금강경 이야기

촌부의 **금강**

금강경 이야기

촌부의 금강

우보 풀이

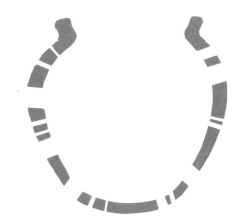

바른북스

촌부의 변(辨)

 '나'는 누구인가? 하는 의문은 굳이 종교나 철학을 들먹이지 않아도 지성인이라면 한 번쯤 품어볼 만한 수수께끼일 것이다. 하지만 기대와는 다르게 답은 늘 묘연하기만 하다. 사람들은 말하기를 알 듯도 싶은데 모르겠고, 모르는데 알고 있다는 착각 속에 빠져 있기 다반사라고 한다.

 사실 '나'는 현상에 의해 만들어진 존재로서 실체가 없다. '나'의 생멸(生滅)과 유지는 에너지의 소모에 달린 문제이며, '나'의 윤회(輪回)와 환생(幻生)은 현상의 집착으로 인한 결과물일 뿐이다. 따라서 '나'는 공(空)하므로 말할 것이 없고, '나'라고 주장할 것이 없기에 무아(無我)다. 공(空)을 얘기하는데 무(無)가 튀어나왔다. 이른바 공(空)은 있는 것, 없는 것의 유무(有無)와는 상관없는 비유비무(非有非無)다. 즉 현상의 변화와 작용에 따라 있기도 하고 없기도 하면서 또한 없는 것이면서 있는 것이다. 왜냐하면 '나'의 본질은 주재(主宰)하는 것이기 때문이다. 존재(存在)를 being이라고 하면 주재는 beingness, 즉 있고 없음의 이분법적 대상을 초월한 '있음' 그 자체이므로 볼 수가 없다. 만약 보기를 원한다면 현상을 통한 being의 개체적 존재 상태로의 전환이 필요하다. 예를 들어 사랑이 주재가 되면 사랑은 그 자체로써 무한대이며 공(空)한 것이지만 존재가 되면 사랑은 개체적 대상을 위한 각각의 소유물로 전락함으로써 색(色)이 되어 수많은 물상(物像)의 조건으로 쪼개져 버린다.

그러므로 '나'는 누구인가? 본질은 공(空)하지만 온갖 현상에 의해 색(色)으로서 드러나며 행위에 의해 생겼다가 행위에 의해 사라지는 존재다. 그럼 '나'는 있는 것인가? 없는 것인가? 경전은 이렇듯 아리송한 존재를 가리켜 자아라고 하였고, 이러한 비유비무의 이치를 깨달은 이를 가리켜 무아(無我)를 증득하였다고 말한다. 무아란 자아의 실체 없음의 과정을 통하여 영원히 변하지 않는 실상의 이치를 깨우친 아공법유(我空法有)의 경지로서 이때의 무(無)는 있고 없음을 초월한 절대 경지로서의 '없음'이다.

학자는 주재의 사랑을 얻기 위한 방편으로 애증과 애욕을 버리라고 말한다. 그러면서 헌신과 순종, 맑은 물과 같은 사랑을 강조한다. 그러나 모순적이다. 왜냐하면 사랑은 흐르는 물과도 같아 그 어떤 경우에도 가를 수가 없기 때문이다. 그러므로 주재적 사랑의 결실은 선택이 아닌 바다와 같은 포용이어야 하며, 그

것이 공(空)의 섭리이자 본질 찾기일 것이다.

사실 경전에서는 단 한 번도 공(空)이라는 말이 나오지 않는다. 하지만 어느 곳에서든 공 아닌 것이 없다. 부처님께서도 공의 이치를 깨우치기 위한 묘법으로 수 없는 중도(中道)의 예를 말씀하셨다.

중도란 서로가 합리적 방법을 통해 적정한 값을 구하는 것이 아니다. 오히려 서로의 주장을 존중함으로써 균형을 맞추고 함께 이익을 보는 것이다. 하지만 이것은 세간(世間)에서의 중도이고, 출세간(出世間)의 중도는 '나'를 버림으로써 공(空)의 이치에 계합하는 것이 아닐까 싶다.

어째서 불(佛)인가? 사람 인(人)에 떨쳐버릴 불(弗)이기 때문이다. 무엇을 떨쳐버리는 것인가? 인(人)이다. 그러므로 인간의 형상을 가지고는 결코 부처가 될 수 없다. 부처가 되기 위해서는 인간이 지니고 있는 모든 습(習)과 업(業)을 버려야 한다. 32상 80종호의 형상을 갖추었다 해도 그것은 방편 상의 화신(化身)일 뿐, 결단코 법신(法身)이 아니다.

경전은 제7분의 무득무설(無得無說)의 단락을 통하여 중도의 이치를 직설적으로 밝히고 있다. 얻은 바 없고, 가르친 바 없다고 한 것은 상근기자를 위한 불성(佛性)의 가르침이다. 하지만 중생의 수준으로는 일일이 가르쳐야 하고 대가를 주고받아야 만이 정당하게 배운 것임을 인식할 수가 있기에 모두의 각성을 위한 쌍수(雙修)의 중도를 펼치신 것이다.

경전을 공부하다 보면 자주 등장하는 단어가 상(相)이다. 산만한 마음도 상 때문이고, 번뇌로 인한 집착 또한 상이라 하였으니 상의 소멸이야말로 득도의 열쇠인 듯싶다.

상(相)이란 무엇인가?

맺혀 있고, 고여 있는 것이다. 어디에 맺혀 있고 어디에 고여 있는가? 혼(魂)이며 의식이다. 좀 더 정확하게 말하면 혼이자 의식을 형성하는 인자가 다름 아닌 상이다. 의식은 몸의 기관과 신경을 조율함으로써 오온(五蘊-색, 수, 상, 행, 식)과 육진(색, 성, 향, 미, 촉, 법)의 일체를 관장하고, 생명 유지의 중추적 역할을 맡고 있는 것처럼 보이지만 그것은 외관상의 일이고, 실제로는 생각으로부터 비롯되어 맺혀진 상이 집착의 과정을 거쳐 현상으로 나타나기까지의 일체를 통제하고 있다. 따라서 상의 소멸이 곧 의식(혼)의 소멸이며, 오온의 소멸이자 자아의 소멸인 것이다.

경전은 상(相)을 소멸하는 묘법으로 머무름이 없는 무주상(無住相)의 이치를 밝히고 있다. 또한 그것을 증득한 값으로 범소유상(凡所有相) 개시허망(皆是虛妄) 약견제상비상(若見諸相非相) 즉견여래(即見如來)라 하여 일체의 모든 상이 허망한 줄을 깨달아 상이 아님을 볼 수 있다면 곧 여래를 보는 것이다,라고 하였는바 상의 소멸이야말로 곧 해탈의 열쇠가 아닐까 싶다. 하지만 소멸이라고 하여 단멸(斷滅)을 뜻하는 것은 아니다. 이 세상에 끊어지거나 사라지는 것은 없다. 그러므로 여기에서 말하는 소멸이란 장애로부터의 해방을 말한다. 더 이상 상(相)의 영향을 받지 않지 않는다는 뜻이다.

상의 소멸을 이루었으면 '나'는 더 이상 존재하지 않는다. 오로지 주재할 뿐이다. 하지만 필요에 따른 방편으로서의 존재는 가능하다. 이 경우 상과는 아무런 관계가 없다. 왜냐하면 이때의 '나'는 성체(聖體)로서 존재하기 때문이다. 즉 생각의 상으로 만들어진 형상이 아닌 빛으로 이루어진 몸이라는 뜻이다. 석가모니 부처님의 모습이 그 증거다.

상의 소멸은 정견(正見)으로써 오랜 정진(精進)과 인욕의 수행을 거쳐야만이 가능한 일이다. 하지만 이루는 이 드물다 하였으니 어찌 된 영문인가? 무엇보다 상의 안주로부터 벗어나는 것부터가 난제이다 보니 세간의 삶을 살고 있는 중생에게는 불가능에 가까울 수도 있는 일이다. 그러나 손바닥 뒤집듯이 쉬울 수도 있다. 왜냐하면 상이란 그 어떤 경우에도 스스로 만들어낸 것이기 때문이다. 따라서 '나'와 '나'의 모든 것 일체를 스스로 버릴 용기만 있으면 상은 저절로 소멸될 수밖에 없다. 오로지 그것뿐이다. 수행에 다른 비법은 없다.

상(相)은 역할에 따라 둘로 나누어진다. 먼저 행위와 현상에 의해 나타나는 감각의 상으로 아상(我相), 인상(人相), 중생상(衆生相),

수자상(壽者相)의 사상(四相)이 있고, 생각으로부터 발생하여 생리적 욕구와 사회적 욕망의 단계를 거쳐 집착의 형태로 안주하는 의식의 상이 있다.

어느 상이든 인연(因緣)에 의한 조각물로서 윤회의 원인으로 작용하기는 다를 바 없다. 그런가 하면 뿌리가 없음에도 마치 뿌리가 있는 듯 생각하고 행위 하는 것 또한 다르지 않다. 굳이 차이를 두자면 감각의 상이 오랜 습(習)으로부터 생겨났다면 의식의 상은 생각(망념)의 반복과 집착을 통해 만들어진다.

상(相)은 집착함으로써 각각의 독립적 생명체로 존재하게 되며, '나'는 그러한 수많은 상(相)들에 의해 조립되어진 의식체이다. 그러므로 '나'는 무수한 상들이 모여 분열과 통일 과정을 반복하면서 만들어진 복합물로서의 개체적 기능인 것이다. 그럼 '나'라고 하는 주체는 무엇인가? 알 수가 없다. 물론 이때에도 '나'라고 할 것이 없는 무아(無我)로서의 이치는 성립이 된다. 하지만 아공법유(我空法有)로서의 무아인 것과는 달리 여기에서의 무아는 유물론적 관점에서 본 색(色)으로서의 알 수 없음인 것이다. 따라서 후자의 경우는 한계로 인한 차별이 따를 수밖에 없다. 즉, 전자가 주재(主宰)로서의 '알 수 없음'이라면 후자는 존재(存在)로서의 '알 수 없음'이기 때문이다. 그 결과 앞서의 무아는 공(空)의 이치로써 증득이 되므로 혜(慧)가 되고 각(覺)을 이루지만 뒤의 무아는 색(色)의 한계를 벗어날 수가 없기에 끝내 식(識-아는 것)으로 귀결되고야 만다.

그럼 누가 윤회하는 것이고, 환생하는 것인가? 또 누가 해탈하는 것인가?

그 어떤 누구도 윤회한 적이 없고, 환생한 적도 없다. 또 해탈한 적도 없다. 다만 윤회를 생각하고 말하는 순간 윤회가 만들어졌고, 환생을 생각하고 말하는 순간 환생의 존재가 생겨났을 뿐이다. 그런가 하면 해탈을 염원하며 말하는 순간 해탈을 찾게 되었을 뿐이다. 중생을 들먹이니까 부처가 나타난 것이지 중생이 없으면 부처도 없고, 부처를 모르면 중생도 알 길이 없다. 하지만 허무(虛無)는 아니다. 왜냐하면 없는 것도 아니고 없는 것도 아닌 게 아니기 때문이다. 자고로 세상이 무상(無常)한 것은 존재하기 때문이고, 세상살이 허무한 것은 헛된 욕망에 집착한 탓이다.

그럼 몸이란 무엇일까? 일단 생각들이 모여 여러 종류의 상들이 맺히면 그 상과 상 사이로 서로 비슷하거나 다른 성질에 의해 분열과 통합의 과정을 반복하면서 중력에 의한 에너지가 발생하게 되는데 몸이 만들어지기 전을 혼(魂)이라고 하고, 몸이 만들어진 뒤에는 의식(意識)의 장(場) 또는 의식체라고 부른다. 그러므로 의식은 여럿의 혼들이 모여 이루어진 체(體)인 것이다. 혼과 상의 경우는 염체(念體)로서의 생명력을 가졌으면 혼(魂)이고, 아직 생명력을 가지지 못했으면 상(相)이다.

우리의 몸은 이러한 의식을 중심으로 하여 만들어진 형상이다. 의식의 의념을 따라 이루어진 에테르체(氣體)라고 하는 보이지 않는 틀에 물을 붓고, 흙을 섞어 골고루 반죽한 다음 형상을 만들고 불에 구우면 고체화한 조형물로서의 '나'의 몸이 탄생하는 것이다. 그러므로 '나'의 몸은 의식의 하드웨어인 셈이다. 의식이 몸을 떠나면 몸은 산산이 부서져 본래의 지수화풍(地水火風)으로 되돌아가고 '나'는 혼(魂)으로서 남아 다시 몸을 만들 때까지 떠돌아다니게 된다. 사실 이러한 과정은 이상할 것도 잘못된 것도 없는 자연스러운 일이다. 존재의 세계에서는 누구나 겪을 수밖에 없는 숙명인 것이다. 결국 죽음이란 없다. 정작 사람들이 두려워하는 것은 무너질 수밖에 없는 욕망의 탑이다.

감각의 상인 사상(四相)은 대부분 습(習)에 의해 고착화되어 업(業)으로 굳어지면서 윤회와 환생의 원인으로 작용한다. 예를 들어 아상(我相)에 걸렸으면 나밖에 모르는 에고이스트의 삶을 살아갈 것이고, 중생상(衆生相)에 걸렸으면 사주팔자에 운명을 맡기는 인생을 살게 될 것이다. 사실 어느 인생을 살 것인가는 오로지 본인의 선택에 달린 문제다. 어떤 인생을 살든 잘못된 것은 없다. 왜냐하면 진리에는 길이 없고, 이 세상은 진리 아닌 것이 없기 때문이다. 다만 문제가 되는 것은 선택을 바꾸지 않는 한 다음 생도 그다음 생도 똑같거나 비슷한 삶을 살아간다는 것이고, 더욱 무서운 것은 그로 인해 괴롭고 불행한 삶을 살아도 그렇게 살아갈 수밖에 없다는 점이다. 그것이 그 사람의 선택이자 그 사람이 만들어 놓은 길이기 때문이다. 덕을 쌓고 복을 짓는 삶을 선택했다 하여도 달라질 것은 없다. 굳이 구분을 하자면 삶의 모습이 다를 뿐이다. 이곳에서 종으로 살든 저곳에서 종으로 살든 종으로 살기는 마찬가지다. 전생의 복덕으로 밥을 더 많이 먹고 옷을 더 잘 입을 수 있는 것은 잠깐의 기쁨이고 행복일 뿐, 때가 되면 늙고 병들어 죽을 수밖에 없고, 환생할 수밖에 없기는 마찬가지다. 그러므로 온전한 상의 소멸을 위해서는 역할부터 바꿔야 한다. '나'를 손님으로 하고 '나 아닌 것'을 주인으로 해야 한다. 여기에서 '나'라고 함은 자아이자, 의식이며 상(相)일 것이고, '나 아닌 것'은 당연히 무아(無我)가 되겠다.

상의 소멸을 이루기 위한 가장 좋은 방법은 명상이다. 이것은 무념(無念)의 경지를 증득하기 위한 방편으로써 이때의 무(無)는 없음이 아닌 비유비무(非有非無)로서의 공(空)이다. 만약 무(無)를 '없음'이라고 하면 단멸(斷滅)이 되는 것이므로 외도가 된다. 따라서 공(空)으로서의 무념이란 쉼 없이 떠오르는 망념을 놓치지 않고 지켜봄으로써 안주하지 못하게 하는 것이다. 사색 혹은 화두 참선, 관법 등도 '나' 아닌 것을 증득하기 위한 훌륭한 방편이기는 하지만 자신도 모르는 사이 방편의 집착에 빠져 헛된 공(空) 사상으로 헤맬 수 있음 또한 경계해야 한다.

의식(혼)을 만드는 생각의 상(相) 또한 윤회와 환생의 원인으로 작용하기는 매일반이다. 생각의 상을 다르게는 염체(念体)라고도 하는데 생각을 일으키는 순간 하나의 생명체로 작용함으로써 붙여진 이름이다. 예를 들어 백화점 매장에서 마음에 드는 귀금속을 봤다고 치자. 당장이라도 사고 싶으나 아쉽게도 돈이 없다. 그러나 생각은 갖고 싶은 욕망으로 번지면서 집착이 되고, 끝내 절도라는 현상으로 결론이 났다면 상(相)은 욕망을 낳고, 욕망은 자라서 업(業)이 되어버린 것이다. 그런데 더욱 중요한 사실은 티끌과 같은 번뇌의 상이 생각을 거듭함으로써 생명의 염체로 진화하였다는 점이다. 뿐만 아니라 염체는 부정의 에너지를 취함으로써 더욱 강한 생명력으로 자아를 형성하는 원인이 된 것이다.

염체는 하루에도 수없이 죽었다가 사라지기를 반복한다. 하지만 죽는 순간까지 함께 하는 염체도 있다. 몸이 죽은 뒤에도 염체는 과거의 습을 의지하며 독립적 삶을 유지하다가 비슷한 인연을 따라 동화를 모색한다. 생각이 생각으로 끝나는 경우 상의 소멸 또한 간단하게 이루어진다. 그러나 생각이 욕망을 수반하면서 집착이 되고 행위로 발전하면 의식의 상은 염체로 변하면서 자아를 잉태하게 된다.

인간은 기본적으로 5개 이상의 염체를 가지고 있다. 상위자아, 하위자아, 긍정적 염체, 부정적 염체, 외부로부터 들어온 염체가 그것이다. 그 외에 다른 염체들은 모두가 이 다섯의 염체로부터 파생된 것에 지나지 않는다.

하위자아는 주로 몸과 마음의 감각과 감정, 느낌, 건강 등을 관리하는데 전생의 업과 밀접한 관계가 있고, 자아를 대표하는 의식체로 활동하고 있다. 반면 상위자아는 '나'의 존재를 진리의 세계로 이끄는 일종의 수호령이다. 불교에서는 이들을 가리켜 화엄성중(華嚴聖衆)이라고도 하는데 은밀하게 인도만 할 뿐, 직접적인 간섭은 하지 않는다. 몸이 살아 있을 때 이들의 인도를 따라 진리의 길을 걸어간다면 죽은 뒤 '나' 또한 화엄성중의 역할을 맡을 수도 있다.

긍정적 염체는 복을 짓고 덕을 쌓게 함으로써 '나'를 이롭게 하고, 부정적 염체는 화를 쌓고 덕을 까먹으면서 '나'를 불행하게 한다. 외부의 염체는 말 그대로 밖으로부터 침입한 혼인데 일명 빙의령이라고 한다. 이들이 주로 하는 일은 다른 염체의 활동을 간섭하고 훼방 놓음으로써 생명을 유지한다. 그러나 그 어떤 종류의 염체든 상위자아를 제외하고는 다 소멸의 대상이다. 왜냐하면 모두가 생각의 상으로 이루어졌기 때문이다. 엄밀히 말해 상위자아 역시도 염체의 일부이므로 소멸의 대상이기는 하지만 홀로서기를 할 수 있을 때까지의 길라잡이로 책임을 다했으면 알아서 사라져 버린다. 염체는 남을 이롭게 하는 것이어도 소멸해야만 하는 생각의 상임을 잊어서는 안 된다.

결국 '나'는 누구인가? 이리 봐도 모르고, 저리 봐도 모르는 일이다. 안다고 하는 것이 착각이자 망념이고, 알고자 하는 것이 집착이자 욕망일 뿐이다. 그렇다고 모르고 있는 것이 자랑이오,

당연한 것은 아니다. 왜냐하면 모진 감내와 노력에도 끝내 모를 수밖에 없는 까닭은 '나'의 정체가 그러한 것일 뿐, 정말 모르는 것이 아니기 때문이다.

경전 풀이는 모험이 아닐 수 없다. 지식의 빈약함은 말할 것도 없고, 각성의 수준 또한 미천한데 작업을 음모했다는 것부터가 범부임을 증명하는 잣대가 아닐까 싶다. 그럼에도 포기하지 않고 꾸역꾸역 밀고 나간 것은 아마도 칠순을 바라보는 나이 탓일 게다. 이제는 하루 두어 시간 글 쓰는 것조차 벅차다. 딴에는 체력 단련을 위해 한 시간 달리기와 30분 근력 운동으로 버티고는 있지만 하루가 다르다. 그래도 늙음을 핑계 삼고 싶지는 않다. 촌부이지 않은가.

– 계묘년 이른 봄 김포 산방에서

목차

촌부의 변(辨)

법회인유분

法會因由分

여시아문(如是我聞)하오니 일시(一時)에 불(佛)이 재사위국기수급
고독원(在舍衛國祇樹給孤獨園)하사 여대비구중(與大比丘衆) 천이백
오십인(千二百五十人)으로 구(俱)러시니

해설

나는 이와 같이 들었다. 그때에 부처님은 천이백오십의 대비
구와 함께 사위국 기수급고독원이란 곳에 함께 계시었다.

촌부풀이

● 법회의 인연

여시아문(如是我聞)에서의 여시(如是)를 '이와 같이'라는 뜻의 부사적 의미로 풀이할 수도 있겠으나 각각을 명사적 의미로 살펴보면 여(如)는 여여(如如)의 항상(恒常) 함이오, 시(是)는 '옳음' 또는 '옳은 것'으로서의 진리(眞理)가 되는바 그 성품은 영원불변한 불성(佛性)인 것이다. 따라서 이때의 풀이는 '나는 불성으로써 들었다'가 된다.

촌부는 후자의 풀이에 마음이 간다. 아마도 중도적 관점으로의 해석 때문일 것이다.

사실 불성이라 함은 대상을 여읜 절대의 참된 성품으로서 '들었다'는 등의 상대적 표현은 있을 수가 없다. 왜냐하면 듣는 순간 의식의 대상으로 변질이 되면서 성품을 잃어버리기 때문이다. 하여 문(聞) 앞에 '나(我)'를 붙여 성품을 유지한 다음 중도의 입장을 취함으로써 각성(覺性)의 자비를 베푼 것이다.

법회는 기수급고독원이라는 곳에서 처음 시작이 되었고, 그때 그곳에는 천이백오십 인의 대비구(大比丘)가 모여 있었다고 경전은 기록하고 있다.

대비구란 누구인가? 소승불교가 유행하던 당시의 시대적 상황을 감안할 때 교학(敎學)을 바탕으로 수행 중인 성문승(聲聞僧)이었을 테고, '대(大)'라고 하였으니 사과(四果) 중 제일 높은 단계인 아라한과를 증득한 성인(聖人)이었을 것이다. 그런데 대비구 앞에 '여(與)'라 쓰고, 뒤에 '구(俱)'라고 하였는즉 이는 법문을 듣고자 한 자리에 모인 천이백오십의 대비구들을 위해 참다운 불법을 펼치시겠다는 부처님의 마음인즉 그 자체만으로도 놀라고 감탄할 일이 아닐 수 없다. 더욱이 그들이 누구인가? 더 이상 배울 것이 없는 무학(無學)의 경지에 오른 이들을 모아놓고 법문을 펼치시겠다는 것은 부처님이 아니라면 감히 상상조차 못 할 일이다.

사위국은 중인도 갠지스 강 유역에 있던 부족국가다. 그리고 기수급고독원은 성 밖 근처에 위치한 동산으로 부처님께서 자주 머물러 계시던 곳이다. 사실 이곳은 사위국 파사익 왕의 태자인 기(祇)의 소유였으나 급고독 장자가 태자로부터 동산을 사들여 기원정사를 세우고, 다시 기(祇) 태자가 동산의 숲을 아름답게 꾸미며 부처님께 바침으로써 두 사람의 이름을 따 기수급고독원이라 부르게 되었다.

이와 같이 경전은 서두부터 설법의 장소와 때를 밝히고 있다. 문자의 신뢰성과 경전(經典)의 가치를 보전하기 위한 당시의 지리적 배경과 역사적 사실의 기록은 필수 항목일 수밖에 없었을 것이다. 더욱이 역사는 기원정사를 석가모니부처님께서 자주 머물러 계셨던 장소로 기억함으로써 법회인유분(法會因由分)의 제목을 보충 설명하고 있다.

이시(爾時)에 세존(世尊)이 식시(食時)에 착의지발(着衣持鉢)하시고 입사위대성(入舍偉大成)하사 걸식(乞食)하실새 어기성중(於其城中)에 차제걸이(次第乞已)하시고 환지본처(還至本處)하사 반사흘(飯食訖)하시고 수의발(收衣鉢)하시고 세족이(洗足已)하시고 부좌이좌(敷座而坐)하시다

해설

그때에 세존께서 식사를 위해 법복을 갖추어 입고 발우를 들고 사위성 안으로 들어가 차례로 탁발을 하고서는 되돌아와 공양을 마치신 뒤 법복과 발우를 정리하고는 발을 씻은 후 자리를 펴고 정좌하셨다.

촌부풀이

부처님께서 다른 이들과 함께 법복을 갖추어 입고 손수 발우를 든 것은 공양의 목적이 몸을 위하는 데에 있지 않고, 법을 구하는 데에 있음을 가리키고 있다. 그러나 형식적으로는 세간의 예(禮)를 갖춤으로써 속세와의 경계를 짓지 않기 위함이오, 너와

내가 다르지 않음을 몸소 실천한 것이기도 하다.

걸(乞)이란 탁발을 말함인데 부처님께서는 식탐을 절제하는 뜻으로 스스로 정한 이상의 탁발은 하지 않았다. 뿐만 아니라 대중과 함께 줄을 서서 똑같이 탁발하고 함께 돌아와 공양하였다.

부처님의 이와 같은 행동은 전혀 의도된 바 없는 평등심(平等心)으로부터 나온 자연스러운 일이었다. 하지만 그 모습을 지켜보는 대중의 마음은 놀라움에 차 있었다. 그도 그럴 것이, 그 당시 세상은 철저한 계급 구조로 이루어져 있었다. 신분 제도의 본래 목적은 직업을 구분하기 위함이었으나 출생과 혈통이 뒤엉키면서 힌두교의 전통 교리에 따른 엄격한 신분의 차이를 두게 된 것이다. 하지만 석가모니부처님은 이러한 풍습과 계율을 무시한 채 똑같이 탁발을 함으로써 모두가 평등한 존재임을 밝히셨으니 어찌 놀라지 않을 수가 있을까.

이처럼 부처님의 설법에는 일정한 때와 장소가 없었고, 문자나 언어뿐만이 아니라 몸소 실천적 행위를 통한 가르침을 펼쳐 보이기도 하셨다.

참된 가르침이란 무엇인가?

배우고자 하는 신분에 차별을 두지 말아야 하고, 형식과 절차에 구애받지 말아야 한다. 그곳이 온갖 종류의 사람들이 모여 있는 시장 한복판이라 할지라도 가르치고 배우는 데에 아무런 장애가 되지 않을뿐더러 오히려 신분과 장소에 차별을 두는 것이 잘못된 일임을 몸소 보여주셨다.

공양을 마치신 뒤 부처님께서는 옷과 발우를 정리하시고 발을 씻으신 뒤 정좌하신 것 또한 가르침을 위한 실천적 행위이기는 마찬가지다. 그 예로 식사 후 세족이(洗足已)하시고 정좌하셨다는 부분에 주목할 필요가 있다. 세족하는 행위는 앞서 행한 일에 대한 정리다. 우선은 음식을 먹는 동안 가졌던 맛의 유혹과 집착에 대한 혼탁한 마음을 세족으로 정화하셨다는 뜻이고, 이후의 정좌는 청정한 마음의 회복을 밝히신 것이다.

사실 부처님께서는 법신(法身)이므로 이러한 과정이 필요치 않으신 분이다. 하지만 중생들은 형상으로서의 화신(化身)만을 볼 뿐이어서 유위(有爲)로서의 모습과 방편은 제도를 위해 필요한 일이며 이 또한 중도의 가르침인 것이다.

토막

제자가 묻기를,

"무엇이 인연입니까?"

스승이 되묻는다.

"무엇이 그대인가?"

선현기청분

善現起請分

시(時)에 장로수보리(長老須菩提) 재대중중(在大衆中) 즉종좌기(卽從座起)하사 편단우견(偏袒右肩)하여 우슬착지(右膝着地)하고 합장공경(合掌恭敬)하여 이백불언(而白佛言)하되 희유세존(希有世尊)이시여 여래선호념제보살(如來善護念諸菩薩)하시며 선부촉제보살(善付囑諸菩薩)이시니이다 세존(世尊)이시여 선남자(善男子)선여인(善女人)이 발아뇩다라삼먁삼보리심(發阿耨多羅三藐三菩提心)한 이는 응운하주(應云何住) 운하항복기심(云何降伏其心)이니까?

해설

그때 장로 수보리가 대중 가운데서 일어나 오른쪽 어깨에 가사를 걸치고는 오른쪽 무릎을 꿇고 합장하며 공손히 부처님께 아뢰었다. 희유하신 세존이시여, 여래께서는 모든 보살들을 잘 보살펴 주시고 잘 타일러주십니다. 세존이시여, 선남자선여인이 무상정등정각심을 일으켰으면 그 마음을 어떻게 머무르게 하여야 하며 번뇌로 얼룩진 마음을 어떻게 항복시킬 수 있겠습니까?

촌부풀이

● 선현(善現)이 일어나 법을 청함

장로는 나이가 든 덕망(德望)이 높고, 수행심이 깊은 분을 가리키는 통상적 존칭이다. 그런데 또 선현이라고 하였다. 선현은 착하고 어진 사람이라는 뜻이다. 소제목 또한 '선현기청분'이라 하여 선현에 더 큰 의미를 부여하고 있다.

일단 선현이라고 한 까닭을 알고자 수보리의 전생 행적부터 살펴보기로 한다. 그는 가섭부처님 시대에도 비구였다. 그 당시에도 나름 수행자이기는 했으나 성질이 포악하여 거친 말과 욕설을 일삼으며 안하무인으로 살았다고 한다. 그 과보로 오백세

동안 독룡(毒龍)의 몸을 받게 되고, 열심히 뉘우친 공덕으로 다시 인간의 몸을 받기는 하였으나 사나운 성품마저 지우지는 못하였다. 다행히 전생에 스님을 공양한 공덕으로 출가의 인연을 맺고, 각고의 노력 끝에 이번 생에 최고의 성문승이 되었다고는 하나 선현으로 보기에는 부족할듯싶다.

본문을 보면 첫마디를 시(時)라고 하였다. 풀이하면 '그때'다. 시기적으로 어떤 일이 시작되거나 일어나기 직전의 시점인 바로 그 시각에 장로 수보리가 의복을 갖추고 일어나 정중히 합장하며 법문을 청한 것이다. 이것은 어느 누구도 예상하지 못한 갑작스러운 일이었다.

수보리는 지혜로써 부처님께서 펼치고자 하는 법문의 내용을 직관(直觀)하였고, 지체 없이 행동으로 옮겼다. 그런데 여기서 눈여겨볼 점은 부처님을 대하는 수보리의 태도다. 그 당시 수보리는 많은 이들로부터 추앙받아온 덕망이 높은 장로이자 승려였다. 그런 그가 부처님을 가리켜 세존이라 칭하면서 의복을 단정히 하고 예의를 갖추었다는 것은 실로 놀라운 일이 아닐 수 없었을 게다. 이것은 지극한 하심(下心)과 보살행을 갖추지 않고서는 행하기 어려운 일이었다. 더욱이 설법할 내용을 미리 직감하고 질문의 형식을 취함으로써 보여준 공경의 자세야말로 선현 중의 선현일듯싶다.

불언(佛言)하사대 선재선재(善哉善哉)라 수보리(須菩提)야 여여소설(如汝所說)하여 여래(如來) 선호념제보살(善護念諸菩薩)하며 선부촉제보살(善付囑諸菩薩)하나니 여금제청(汝今諸聽)하라 당위여설(當爲汝說)하리라 선남자(善男子)선여인(善女人)이 발아뇩다라삼먁삼보리심(發阿耨多羅三藐三菩提心)한 이는 응여시주(應如是住)며 여시항복기심(如是降伏其心)이니라 유연(唯然) 세존(世尊)이시여 원요욕문(願樂欲聞)이니이다

해설

부처님 말씀이 착하고도 착하도다. 수보리야 너의 말과 같이 여래는 모든 보살들을 잘 보살피고 타일러주니 모두 들어보아라. 내 너희들을 위해 말하리라. 선남자선여인이 무상정등정각심을 일으킨 후에는 그 마음을 응당 이와 같이 머물게 하고, 이와 같이 다스려야 하니라. 하자 모두가 세존을 칭송하며 자세히 듣기를 원하였다.

촌부풀이

'선남자선여인이 무상정등정각심을 일으킨 후 어떻게 해야 산만해진 마음을 거두어들일 수가 있으며, 번뇌의 마음을 항복시킬 수가 있습니까?'하는 수보리의 물음에 부처님께서는 무상정등정각심을 일으킨 후 여시(如是)인 진리로써 산란한 마음을 거두어들이고 진리로써 번뇌를 항복시켜야 한다고 하였으니 먼저가 무상정등정각의 발원이오, 나중이 진리로써 흔들림이 없게 하는 것이다.

선남자선여인이란 자비희사(慈悲喜捨)의 마음을 갖춘 사람들로서 무상정등정각의 마음을 발원하였음은 세속인의 삶으로부터 벗어나 수행의 길로 들어선 이들임을 의미하고 있다. 그러나 작심과는 달리 번민으로 인한 산만함과 쉼 없는 번뇌의 침입으로 방황하기를 거듭하기에 이를 가엾이 여긴 수보리가 이들을 위한 가르침을 대신 청하자, 부처님께서 여시(如是)라는 한마디 말로 답을 주신 것이다. 그때 함께 있었던 천이백오십의 대비구 모두는 찬탄을 금치 못하였다. 왜냐하면 그 순간 진리의 실체를 보았기 때문이다.

무상정등정각심(아뇩다라삼먁삼보리심)에서 아뇩다라(阿耨多羅)는 산크리스어로 아눗따라(anuttara)의 한자음으로 무상(無上), '위없음'

이라는 뜻이고, 삼먁(三藐)은 정등(正等), 삼보리(三菩提)는 정각(正覺)으로서 위없는 평등 자애한 깨달음을 이루기 위한 대승(大乘)의 핵심 사상이며 반야밀법이다.

하지만 무상정등정각을 증득하였다 하여 수행의 완성을 이루는 것은 아니다. 온전한 해탈의 경지에 다다르기 위해서는 무엇보다도 중도의 자유로운 체험이 필요하다. 무상정득정각심을 이루기 위한 정진이 기둥이라면 중도의 행은 날개인 셈이다. 이 둘은 수행에 있어 바늘과 실처럼 늘 동행하는 관계여서 어느 한쪽만을 가지고는 뜻을 이룰 수가 없다.

원시불교에서의 중도가 고(苦)와 낙(樂)에 집착하지 않고 조화를 이루는 것으로 근본을 삼았다면 실천적 중도로는 팔정도(八正道)가 있다. 여덟 가지의 바른 견해라는 뜻인데 여기에서는 정(正)이 곧 중(中)임을 가르치고 있다. 즉 팔사(八邪)의 잘못된 견해에서 벗어나 무소득(無所得)의 이치로 실상의 모습을 올바르게 관(觀)하였을 때를 가리켜 중도라고 하였다.

중도는 일승법(一乘)을 위한 방편이다. 진리를 깨우쳤다 하여 출세간의 도량만을 주장한다면 그것은 자신들만을 위한 외도(外道)에 지나지 않는다.

무상정등정각의 증득은 무심(無心)으로 이루어지지만 중도의 기틀은 오로지 중심(中心)으로만 세울 수가 있다. 그러므로 번뇌의 항복을 받지 못한 중도의 조화는 한낱 이익을 위한 처세에 불

과할 뿐이오, 무심으로써 무상정등정각을 증득하였다 해도 중도
의 조화를 이루지 못하면 끝내 집착과 분별하는 것에 지나지 않
는다.

토막

제자가 묻는다.
"어떻게 해야 착할 수 있습니까?"
"'어떻게'만 빼면 된다."

대승정종분

大乘正宗分

불(佛)이 고수보리(告須菩提)하사대 제보살마하살(諸菩薩摩訶薩) 응여시항복기심(應如是降伏其心) 소유일체(所有一切) 중생지류(衆生之類) 약난생(若卵生) 약태생(若胎生) 약습생(若濕生) 약화생(若化生) 약유색(若有色) 약무색(若無色) 약유상(若有想) 약무상(若無想) 약비유상(若非有想) 비무상(非無想) 아개영입무여열반(我皆令入無餘涅槃)하여 이멸도지(而滅度之)하리니

해설

부처님께서 수보리에게 말씀하시기를 모든 보살마하살은 마땅히 이와 같이 번뇌의 마음을 항복시켜만 한다. 무릇 알로 생기는 것, 태로 생기는 것, 습기로 생기는 것, 화하여 생기는 것, 형상이 있는 것, 형상이 없는 것, 생각이 있는 것, 생각이 없는 것, 생각이 있는 것도 아니고, 없는 것도 아닌 것들 모두를 남김없이 제도하여 무여열반에 들게 할 것이다.

촌부풀이

● 대승(大乘)의 바른 뜻이란

부처님은 번뇌의 마음을 어떻게 항복시켜야 하는가에 대한 설법을 시작하면서 첫 번째로 보살마하살(菩薩摩訶薩)을 언급하셨다. 비로소 대승(大乘)의 법문을 시작한 것이다.

흔히 보살이라 함은 상구보리(上求菩提)의 지혜로써 하와중생(下化衆生)을 교화하여 제도하고자 하는 이를 말한다. 그리고 보살 뒤에 마하살을 붙이면 대보살(大菩薩)이라 하여 무상정등정각심을 성취한 크게 깨달은 이로서 교학(敎學)의 성문(聲聞)과 홀로 인연의 법칙을 관찰하며 스스로 깨달음을 구한 벽지불(碧支佛) 또는 독각

(獨覺)의 연각(緣覺)하고는 그 수준을 달리한다.

왜냐하면 성문과 연각에는 상구보리만 있으나 보살마하살의 실천행에는 상구보리의 구도심은 물론 하화중생(下化衆生)의 이타행(利他行)을 함께하기 때문이다. 바로 이점이 소승(小乘)과 대승(大乘), 이승(二乘)과 삼승(三乘)의 결정적 차이이기도 하다.

그럼 대승적 차원에서의 보살마하살은 어떤 마음으로 번뇌로부터 항복을 받은 것인가? 첫째는 하심(下心)이다. 부처님께서는 법회인유분에서의 탁발 공양을 통해 몸소 체험으로 가르쳐주셨다. 지극히 낮은 마음이 아니면 겸손과 자비조차도 자기만족을 위한 우월적 행위일 수밖에 없다.

둘째는 정등(正等)이라 하여 평등심(平等心)이다. 너와 내가 같을 때 비교할 대상이 사라지게 되고, 만법(萬法)이 일승법(一乘法)으로 회귀하면서 사상(四相)의 소멸을 이루는 것이다. 하지만 그렇다고 하여 번뇌가 사라지는 것은 아니다. 번뇌로 인한 더 이상의 혼란과 방황이 일어나지 않는다는 뜻이다.

사실 모든 중생의 부류와 생멸의 원인은 번뇌로 인한 갈등과 집착으로부터 비롯된 일이다. 그러므로 하심(下心)으로 평등심을 발현하여 법진(法塵)과 그 상(相)에서 벗어날 수 있다면 온갖 색신(色身)의 종류와 생멸의 고통은 자연스레 소멸될 수밖에 없고, 오직 변하지 않는 본래의 것만 남게 된다. 이를 불가(佛家)에서는 법신(法身)이라 하고, 도가(道家)에서는 금선(金仙)이라 하는데 다 같은 뜻이다. 하지만 소멸이라고 해서 모든 중생의 부류와 생멸 자체가 없어지는 것은 아니다.

그럼 소멸한 것은 무엇인가?

평등심에 의해 무너져버린 차별이다. 이것과 저것을 비교해서 다르지 않은 것이 아닌, 정등(正等)에 의한 지혜로 볼 때 다르지 않은 것이다. 또한 이와 같은 이치로 모든 만물을 관(觀)하여 보면 일체가 무상(無常)하지만 본질은 다르지 않기에 부처님께서도 일체 중생을 공경(恭敬)하고 공양(供養)할 수 있다고 한 것이다. 이 말은 곧 중생과 부처가 둘이 아니라는 뜻이기도 하다.

중생의 부류에 관하여 혜능선사의 말씀(『금강경오가해』)을 잠시 빌리자면 난생은 미혹한 성품 때문이고, 태생은 집착, 습생은 삿된 성품, 화생은 목적을 갖고 태어나는 것이라고 하였다. 따라서 성품으로 인한 인연(因緣)과 그에 따른 인과(因果)로서의 윤회(輪廻)는 필연적 과정일 수밖에 없다. 또한 유색(有色)은 색계로서 물질의 시비와 인연이 남은 때문이오, 무색(無色)이란 비록 물질의 유혹에서 벗어나기는 했지만 실천적 수행을 무시한 채 생각과 뜻으로만 수행의 과(果)를 얻었으므로 아직 소멸해야 할 염체(念体)가 남은 탓이다.

유상(有想)과 무상(無想)은 실천행이 부족한 부류를 말함인데 염체가 남아 있기는 마찬가지다. 머리만 가지고 불법을 닦으려는 중생이 유상이라면 선방에 죽치고 앉아 각성만을 고집하는 부류가 무상이다. 비유상(非有想)은 집착은 소멸됐으나 아직 분별이 남아 있는 상태고, 분별조차 사라져 더 이상 구할 것이 없음에도 얘깃거리가 남아 있음이 비무상(非無想)이다.

여시멸도무량무수무변중생(如是滅度無量無數無邊衆生)하되 실무중생(實無衆生)이 득멸도자(得滅度者)니 하이고(何以故)오 수보리(須菩提)야 약보살(若菩薩)이 유아상인상(有我相人相) 중생상(衆生相) 수자상(壽者相) 즉비보살(卽非菩薩)이니라

해설

하지만 이렇듯 무량 무수한 중생들을 제도했어도 실은 제도 받은 자가 하나도 없느니라. 왜냐하면 수보리야, 보살에게 아상, 인상, 중생상, 수자상이 있으면 보살이 아니기 때문이다.

촌부풀이

그런데 부처님께서는 무량무수무변한 중생을 다 제도해도 제도한 바 없다고 하시면서 그 까닭으로 사상(四相)이 없는 때문이라고 하셨다.

사상(四相)이란 무엇인가? 아상(我相), 인상(人相), 중생상(衆生相), 수자상(壽者相)을 말한다. 일반적으로 마음에 뿌리를 내려 맺히게 되면 이를 두고 상(相)이라고 하는데 여기에서 뿌리란 한쪽으로 치우친 생각을 말하므로 상이란 곧 고착화된 편견을 의미한다.

상(相)은 일원상(一圓相)으로부터 시작된다. 사실 일원상에는 치우침이 없기에 상이라고 할 순 없지만 설명을 위해 방편 상 썼을 뿐이다. 일원상은 분리하고자 하는 물리적 욕구에 의해 둘로 갈라지면서 이상(二相)이 되는데 밖으로부터 안으로 들어오는 상과 안에서 밖으로 나가는 상이 있다. 다르게는 전자의 상을 가리켜 수상(受相)이라 하고, 후자의 상을 가리켜 능상(能相)이라고도 한다.

사상(四相)이란 본성(本性)의 중도(中道)로부터 치우쳐 나온 상(相)으로 사(四)란 중앙으로부터 벗어나 있는 방위를 말한다. 이를테면 동쪽을 아상이라고 하면 남쪽은 인상, 서쪽은 중생상, 북쪽은 수자상이 된다. 동양철학에서는 동(東)의 성품을 인(仁)이라 하여 어진 것을 덕(德)으로 삼으나 치우치거나 모자라면 독선적이고 자기애(自己愛)가 강해 남을 업신여기고 무시하는 경향이 있은

즉 아상(我相)의 성질과 일치하고, 남(南)은 예의를 중요하게 여기지만 이 또한 치우치거나 모자라면 상대를 존중하지 않고, 이익을 계산하여 처세로만 대하려 하는 것이 인상(人相)과 맞으며, 서(西)는 의(義)를 중하게 여기지만 치우치거나 모자라게 되면 남의 허물은 부풀려 포장하고 자기의 잘못은 축소하여 감추기를 즐겨하는데 중생의 성품과 일치하니 중생상(衆生相)인 것이다. 마지막으로 북(北)의 수자상(壽者相)은 지혜를 상징한다. 따라서 나설 때와 나서지 않을 때를 가려 시비를 멀리하지만 치우치거나 모자라면 지혜가 탐욕으로 변하게 되고 그중에서도 특히 오래 사는 것에 집착함으로써 스스로는 물론 주위까지 힘들게 한다.

간단하게 말해서 아상(我相)은 '나'를 주장하는 것이고, 인상(人相)은 '나' 같은 '너'가 있다는 뜻이다. 그리고 중생상(衆生相)은 '나' 같은 '너'가 많다는 것이고, 수자상(壽者相)은 '나' 같은 '너'가 오래되었다는 뜻이다. 그러므로 실은 '나' 아닌 것이 없지만 '나'를 보지 못하기에 분별이 일어났을 뿐이다.

조용한 곳에 앉아 눈을 감은 채 자신의 얼굴을 떠올려보라. 만약 사진을 보는 것처럼 볼 수 있다면 아마도 그때부터가 '나'의 정체를 찾는 시작이 될 것이다.

부처님께서는 이상(二相)이든 사상(四相)이든 이와 같은 마음을 버리지 못한 이들을 가리켜 보살이 아니라고 하셨다. 왜냐하면 기울어진 마음은 중도(中道)가 아니므로 제도를 했다 하여도 온전할 수가 없기 때문이다.

온전한 제도란 무엇인가? 본문에서 무량무수무변 앞에 여시멸도(如是滅道)라 하였으니 평등심을 방편 삼아 불성(佛性)을 보게 함으로써 일체 중생의 본래 모습을 되찾게 한 것을 말한다. 하지만 빠진 것이 있다. 평등심을 취하는 방법이다. 이를테면 관세음보살께서 중생들을 위해 육자 진언(옴마니반메훔)을 외우게 함으로써 자비와 지혜를 하나로 묶어 평등심을 증득게하신 일과 같은 것이다.

부처님께서는 일체 제불(諸佛)과 보살을 막론하고 누구든 단 한 사람도 제도한 바 없다고 하시면서 사상(四相)이 있으면 보살이 아니라고 하셨다. 이유인즉슨 이미 제도가 되었는데 과거를 끄집어낸다면 다시 상(相)을 짓는 일이 될 터인즉 제도한 바 없다고 함으로써 상이 없음을 스스로 증명을 해보이신 것이다.

토막

제자가 묻기를,

"어찌하면 번뇌로부터 항복을 받아낼 수가 있겠습니까?"

"먼저 항복하면 된다."

묘행무주분

妙行無住分

부차수보리(復次須菩提)야 보살(菩薩)은 어법(於法)에 응무소주(應無所住)하여 행어보시(行於布施)니 소위(所謂) 부주색(不住色)하고 보시(布施)하면 부주성향미촉법(不住聲香味觸法)하고 보시(布施)러니 수보리(須菩提)야 보살(菩薩)은 응(應) 여시(如是) 보시(布施)하고 부주어상(不住於相)이니 하이고(何以故)오 약보살(若菩薩)이 부주상보시(不住相布施)하며 기복덕(其福德)이 불가사량(不可思量)일새니라

해설

또한 수보리야, 보살은 어떤 법에도 머물지 말고 보시를 해야 한다. 소위 색(형상)에 머물지 말고 보시를 해야 하며, 성(소리), 향(냄새), 미(맛), 촉(느낌), 법(진리)에 머물지 말고 보시해야 한다. 수보리야, 보살은 상에 집착하지 않고 보시해야 마땅한데 왜냐하면 보살이 상에 집착하지 않고 보시하면 그 복덕은 생각으로는 헤아릴 길이 없기 때문이다.

촌부풀이

● 머무름 없는 오묘한 이치

묘행무주분(妙行無住分)은 머물지 않음으로써 얻어지는 보시(布施)의 공덕에 대해 말하고 있다. 첫 문장에서의 부차(復次)는 '돌아와 잇다'라는 뜻으로 대승정종분에서의 번뇌를 항복시키는 법과 본분의 무주상(無住相) 보시(布施)로 얻어지는 복덕에 관한 법문 사이를 이어주고 있다.

선현기청분에서 수보리가 운하항복기심(云何降伏其心-번뇌를 항복시키는 법)에 대하여 가르침을 청하자, 부처님께서는 대승정종분을 통해 말하기를 중생의 종류를 가리지 않고 교화하되 내가 했다는 상을 내서는 안 된다 하시고, 그렇게 했을 때의 값을 묘행무주편에서 말씀하셨다.

어떤 경우에도 보살은 법에 머물지 말고 보시를 해야 마땅하며, 가없는 값을 얻으려면 베푸는 일(보시)에 흔적이 없어야 한다고 하였다. 흔적을 남긴다는 것은 상(相)이 있음이고, 유상(有相)은 지극히 순수한 마음으로 보시를 했다 하여도 물질(몸)로서의 한계가 있는 만큼 복덕 또한 제한적일 수밖에 없다.

복덕의 값에는 두 가지 종류가 있다. 하나는 마음을 포함한 육신의 즐거움을 위한 대가이고, 다른 하나는 자성(自性)으로서의 환희다. 전자의 즐거움에는 색주상(色住相-형상과 물질에 집착하는 것)이 따르고 후자의 환희에는 부주색(不住色-형상과 물질에 머무르지 않는 것)을 이룬다. 사실 범부의 마음 같아선 생색도 내고 싶고, 칭찬도 받고 싶겠지만 부처님께서는 오히려 공덕만 까먹는 짓이라고 가르치고 있다. 일시적인 즐거움은 있겠으나 한계가 있어 그 복이 다하면 오히려 괴로움이 된다고 하였다.

공들여 착한 일을 하고서 복을 받기는커녕 오히려 두터운 업(業)만 쌓이면 이 얼마나 허망한 일이겠는가. 이유인즉슨 중생의 세계라는 것이 '너'와 '나'의 생김이 각기 다르듯 마음 또한 서로 달라 좋은 일에도 시비와 분별이 생겨나기 때문이다. 그러므로 현자는 자비에도 부주색(不住色)을 위한 지혜가 필요하다고 말한다. 어떤 지혜인가 하면 '나'를 드러내지 않음으로써 상의 집착으로부터 벗어나는 일인데 그 법문이 바로 반야밀법인 것이다.

　반야밀법(般若密法)의 첫 번째가 보시바라밀(布施婆羅蜜)이다. 다르게는 단나바라밀(檀那波羅蜜)이라고 하는데 보시의 완성은 곧 베풀어준 '나'조차도 흔적을 남기지 않는 것이어서 그 복덕이 헤아릴 수 없을 만큼 크다고 하였다.

　보시에는 물질적 보시(財施) 외에 무외시(無畏施), 법시(法施)가 있다. 무외시란 계율을 잘 지켜 살생을 금하고 두려움으로부터 중생을 구제시키는 보시를 말하며 법시는 깨달음을 얻어 지혜를 갖게 하는 보시다.

　어느 것이든 보시를 행할 때에는 말과 행동을 같게 하여 언행일치(言行一致)의 상태에서 오직 무심(無心)으로만 이루어져야 한다. 제아무리 선행이라도 말과 행동이 다르면 마음에 의혹의 불꽃이 파도치듯 일어나 산만해지기 마련이다. 그 결과 처음의 청정함과 순수함은 재(滓)로 더럽혀져 쌓이게 되고, 의심에 의심만 더해지면서 차라리 안 한 이만 못하게 될 뿐이다.

　부처님께서 말하기를 무보시(無布施)의 완성을 이루려면 우선 물질(형상)에 집착하지 말아야 하고 다음으로 소리, 냄새, 맛, 느낌, 법에도 집착해서는 안 된다고 하셨다. 왜냐하면 육진(六塵)에 집착함으로써 생겨난 것이 상(相)이기 때문이다. 따라서 상에서 벗어나는 것이 곧 육진의 집착에서 벗어나는 것이기도 하다.

상(相)은 마음에 맺힌다. 그리고 의식은 기억 속에 상을 저장하면서 인연에 따른 물질(몸)을 만들어낸다. 하지만 상(相)이라는 것 자체가 번뇌의 조각조각이 모여 이루어진 허상이므로 몸의 형상 또한 가짜일 수밖에 없다. 가짜라는 것은 법신(法身)이 아니라는 뜻이다. 따라서 무상(無常)이며, 성주괴공(成住壞空)의 이치에 따라 끝없이 변할 수밖에 없다.

비유하자면 다음과 같다. 옷에 얼룩이 졌으면 세탁을 하게 마련이다. 이 경우 옷은 무엇이며 얼룩은 또 무엇인가? 흔히 말하기를 사람들은 옷을 가리켜 본래의 성품이라 하고 얼룩을 번뇌가 쌓여 만들어진 집착의 상이라고 한다. 하지만 안타깝게도 이 둘은 모양과 크기가 다를 뿐 같은 종류의 것이다. 만약 사람들의 말대로라면 옷을 세탁하고 난 뒤의 얼룩은 소멸됐어야 하고, 본래의 깨끗함을 되찾은 옷은 더 이상 더러워지지 말아야 한다. 그러나 세탁을 해도 옷은 또 얼룩이 지고 더러워지기 마련이다. 왜냐하면 얼룩의 완성품이 옷이고, 옷의 미완성품이 얼룩이기 때문이다.

옷이 있기에 얼룩이 있는 것이다. 따라서 옷이 있는 한 얼룩은 소멸되지 않는다. 옷을 보시라고 가정한다면 얼룩은 그 값이 된다. 따라서 무보시가 되지 않는 한 얼룩의 값에서 자유로울 수가 없다. 제아무리 선행을 쌓았다 해도 얼룩의 흔적을 남기면 생멸의 옷은 계속 존재할 수밖에 없다. 세탁을 하여 잠시 깨끗해질 수는 있어도 얼룩은 다시 묻게 마련이어서 일시적 방편은 될 수 있으나 영원한 해결책은 아니다.

그럼 어찌해야 하는가? 만약 버려야 한다면 옷을 버릴 것인가, 얼룩을 지울 것인가? 이미 하나가 된 이상 버린다면 둘 다를 버리는 것인데 그렇다면 무보시는 어떻게 되는 것인가?

버리지 않는다 해도 상황은 마찬가지다. 옷과 얼룩 둘 다가 남는 것이라면 어떤 경우에도 무보시를 이룰 수 없기는 마찬가지다. 결국 문제는 옷에 대한 사람들의 의식이 변해야 한다. 옷은 제아무리 깨끗해도 물질이므로 끝내 얼룩이 묻고, 더러워질 수밖에 없다. 보시 또한 다르지 않다. 수미산만 한 크기의 보화를 베풀었다 해도 물질인 이상 무보시가 될 수는 없다.

무보시란 무엇인가? 무주상(無住相) 보시(布施)의 줄임말이다. 머무름이 없는 보시란 물질의 구속에서 벗어났다는 뜻이다. 그럼 주상(住相) 보시란 무엇인가? 풀이하자면 상의 안주(머무름)인데 상은 곧 물질을 이루는 요소가 되므로 상을 벗어나지 않는 한 베풀었다 해도 주고받은 대상은 남기 마련이어서 온전한 보시는 아닌 것이다. 그런 의미에서 보면 재시(財施)와 무외시(無畏施)는 온전한 무보시가 될 수 없다. 왜냐하면 여기에는 '나'라고 하는 물질적 존재가 자리하고 있기 때문이다.

무보시가 되기 위해서는 오직 법시(法施)이어야만 한다. 법이란 곧 반야밀법을 말하며 지혜로써 무상정등정각을 증득게 하고 밝히는 일이다. 하지만 법 또한 베풀었다는 마음을 내는 순간 법상(法相)에 걸려 또 다른 옷을 만드는 꼴이 되므로 두 눈 번쩍 뜨고 지켜볼 일이다.

옷의 집착은 근본적으로 물질적 형상인 자아에 대한 집착이다. 즉 보시를 통해 옷을 깨끗하게 함으로써 본래의 자성을 회복할 수 있다고 믿는 착각의 집요함이다. 옷은 또 다른 얼룩일 뿐이다.

사람들은 스스로의 존재가 얼룩의 형상임을 모른다. 얼룩은 번뇌이며 육진에 의해 일으켜진 상(相)인 것으로만 알고 있을 뿐, 그 얼룩이 바로 거울에 비친 '나'인 것임을 알지 못한다. 착각한 것도 '나'이면서 번뇌이고, 집착한 것도 '나'이면서 번뇌인데도 말이다. 그러므로 모든 판단과 분별은 번뇌의 몫이 된다. 선한 마음을 내어 보시를 한다 해도 이 또한 번뇌로 이루어진 집착의 상이므로 그 복덕은 과보에 따른 대가 이상을 넘을 수가 없다. 따라서 크다고 해도 작은 것이다. 더욱이 상이 있으므로 해서 보살이라고 할 수가 없다.

이렇듯 얼룩진 상을 진짜인 것으로 일고 매달리는 것이 중생의 마음이라면 법시를 베푼 무보시의 공덕으로 지혜를 얻어 얼룩진 것이 번뇌의 상임을 깨달아 맑고 청정한 본래의 상태로 회귀한 것이 보살의 마음이다.

반야밀법에는 여섯 단계가 있다. 하지만 모두가 지혜를 통한 보시(布施)의 완성과 연결되어 있다. 따라서 보시의 완성은 보살(菩薩)의 완성이오, 대보살(大菩薩)인즉 성문(聲聞)과 연각(緣覺)을 포함한 삼승(三乘)의 완성이오, 일승(一乘)이 된다.

보살의 큰 덕은 오로지 자비(慈悲)에 있고, 보시로써 완성이 된다. 하지만 지혜가 없으면 그 자리는 눈 깜짝할 사이에 식신(識神)이 차지해버리고야 만다. 식신은 얕은 이익과 꾀로 교만과 우치(愚癡)를 스스로 뽐내는바 자비와 지혜의 쌍행(雙行)은 부주상(不住相)을 이루는 묘행 중에 묘행인 것이다.

수보리(須菩提)야 어의운하(於意云何)오 동방허공(東方虛空)을 가사량부(可思量不)아 불야(不也)니이다 세존(世尊)이시여 수보리(須菩提)야 남서북방(南西北方) 사유(四維) 상하허공(上下虛空)을 가사량부(可思量不)아 불야(不也)니이다 세존(世尊)이시여 수보리(須菩提)야 보살(菩薩)의 무주상보시복덕(無住相布施福德)도 역부여시(亦復如是)하여 불가사량(不可思量)이니라 수보리(須菩提)야 보살(菩薩)은 단응여소교주(但應如所敎住)니라

해설

　수보리야, 어찌 생각하느냐? 동방의 허공을 다 헤아릴 수가 있느냐? 없습니다. 세존이시여. 수보리야, 남서북방과 네 간방, 상하의 허공을 헤아릴 수가 있느냐? 없습니다. 세존이시여. 수보리야, 보살이 상에 머물지 않고 보시한 복덕도 이와 같아서 헤아릴 수가 없느니라. 수보리야, 보살은 응당 가르쳐준 바와 같이해야 하느니라.

촌부풀이

　이것은 무주상(無住相) 보시에 관한 복덕의 크기를 말함이다. 어느 정도인가 하면 동쪽뿐만 아니라 서남북 4개의 방위와 4개의 사이, 위아래의 허공을 다 헤아린 만큼이나 크다는 것이다. 하지만 그 허공의 크기를 생각으로는 다 헤아릴 수 없다 하였으니 복덕의 크기 또한 헤아릴 수가 없다.

　생각은 허상이다. 허상이기에 실제로는 아무것도 없다. 지어낸 것이다. 동서남북도 위아래의 허공도 다 지어낸 것이다. 그럼 복덕은 어떻게 되는 것인가? 복덕이란 처음부터 없었다. 이미 무주상(無住相)의 이치를 실현하여 불성(佛性)을 취하였는데 달리 또 무슨 복덕이 필요하다는 것인가.

본래 보살(菩薩)에게 복덕이란 없다. 왜냐하면 보살이 복덕을 궁리하는 것조차 집착이기 때문이다. 그럼에도 굳이 복덕을 말하는 것은 중생을 배려한 방편인 것이다. 사실 중생의 세상에서 볼 때, 보시(布施)에는 대상이 있게 마련이다. 일체의 대가 없이 베풀었다 해도 베푼 것에 대한 마음까지 무보시일 수는 없다. 하지만 그것마저 무심(無心)해야 한다. 인위적으로 무심한 것이 아닌 마음에 머무는 바 없기에 자연스럽게 무심한 것이다. 그러자면 무엇보다 대상이 없어야 한다. 분명 베풀기는 했는데 언제, 어디서, 누구한테, 무엇을, 어떻게, 왜 베풀었는지 알 길이 없다. 나중의 복덕을 고려하면 확인서라도 받아두었어야 하는데 보살에게는 오직 이 순간만 있기에 모르는 일이 되어버리고 만다.

보살은 그래야만 한다. 부처님께서는 중생의 껍질을 벗어버리고 싶으면 보시를 한 것조차 잊으라고 말씀하신다. 무보시라야만 한다는 뜻이다. 단응여소교주(但應如所教住)라, 그러기 위해서는 다만 가르친 대로 살라 하셨다. 오직 법(法)만을 주고받으며 살라는 뜻이다.

이 말씀은 반야밀법(般若密法)을 의지하라는 뜻이다. 어떻게 의지하는가 하면 서로 새끼 꼬듯 의지해야 한다. 보시(布施)는 지계(持戒)의 청정함을 의지하여 환희의 세계를 구하고, 지계는 인욕(忍辱)의 오랜 참음을 의지하여 더러움에서 벗어나야 한다. 인욕은 정진(精進)의 지혜와 그 빛을 의지하여 스스로 발광하는 기쁨을 누리게 되고, 정진은 선정(禪定)의 맑고 고요함을 의지하여 지혜의 불꽃을 피우며, 선정은 지혜(知慧)의 밝음을 의지하여 난승(難勝)을 이룬다. 반야(般若)는 시험을 이겨낸 근기를 바탕으로 하여 닦아나가면 과거와 현재, 미래가 하나가 되어 원행(遠行)의 도를 성취하게 된다.

그 결과 보시(布施)의 끝없는 자비와 반야(般若)의 지혜가 처음과 끝이 되어 서로를 의지하며 닦아나가다 보면 수준에 맞는 세계가 차례로 보였다가 연기처럼 사라져버리고, 마침내 번뇌(煩惱)의 마음이 성(性)의 이치에 계합하면서 잊고 있었던 불성을 회복하게 되는 것이다.

다만 주의할 점은 비록 주상(住相-머무는 것)의 과보가 크다 하여도 이미 도(道)를 증득한 보살이라면 이 또한 피해야 되는 대상이 아닌 즐김의 대상이 되어야 비로소 중도(中道)이자 묘행무주(妙行無住)라 할 수 있다.

토막

선배가 화투를 치면서 묻는다.
"무보시라는 게 뭔가?"
"밑장 빼는 거 다 봤습니다."

여리실견분

如理實見分

수보리(須菩提)야 어의운하(於意云何)오 가이신상(可以身相)으로 견여래부(見如來不)아 불야(不也)니이다 세존(世尊)이시여 불가이신상(不可以身相)으로 득견여래(得見如來)니 하이고(何以故)오 여래소설신상(如來所說身相)은 즉비신상(卽非身相)이니이다 불(佛)이 고수보리(告須菩提)하사대 범소유상(凡所有相) 개시허망(皆是虛妄)이니 약견제상비상(若見諸相非相)이면 즉견여래(卽見如來)니라

해설

수보리야, 어찌 생각하느냐? 형상으로 여래를 볼 수 있느냐? 아닙니다. 세존이시여 형상으로는 여래를 볼 수 없습니다. 왜냐 하면 여래께서 말씀하신 몸은 몸이 아니기 때문입니다. 부처님 께서 수보리에게 말씀하셨다. 모든 상(相)은 다 허망한 것이니 모 든 상이 다 허망한 줄을 알면 곧 여래를 보게 됨이라.

촌부풀이

● 있는 그대로의 이치를 보라!

몸(色身)이란 정(精)의 교합으로 이루어진 물질생명체(物質生命體) 다. 이것은 음(陰)과 양(陽), 오행(五行)의 화합에 의해 만들어지며 생명체로서의 한계가 끝나면 다시 티끌로 되돌아가 성주괴공(成 住壞空)의 이치에 따라 윤회의 과정을 되풀이하게 된다. 하지만 변하지 않는 하나가 있다. 다름 아닌 법신(法身)이다. 이것은 혜안 (慧眼)이 열려야만 볼 수 있는 여래의 참모습이다.

법신(法身)은 곧 불성(佛性)이다. 법신의 신(身)은 근본을 의미하 는 성(性)을 가리키지만 색신(色身)의 신(身)은 생멸을 주관하는 명 (命)으로서의 상(相)이 되어 집착의 원인으로 작용한다.

그럼 나무나 흙을 구워서 만든 부처님의 형상은 어찌해야 마땅한가? 색신(色身)이므로 부수거나 태워버리고 오직 법신만을 좇아 진리를 구해야 하는 것인가? 아니면 이 또한 부처님의 형상이므로 참배하고 섬겨야 하는 대상인 것인가?

둘 다 필요한 일이다. 색신(色身)이 사물(事物)임에는 틀림이 없으나 이것을 통하지 않고서 어디로부터 법신(法身)의 뿌리를 찾을 수 있을 것인가. 법신을 보았으면 당연지사 버려야 할 색신이겠으나 근기와 수행이 부족하여 법신을 보지 못하였거나 법신을 보았다 해도 아직 이 바닥에 생명의 줄기가 남아 있다면 방편 삼아 색신을 의지하는 것도 필요한 일이다.

제아무리 성(性)이 귀하다 한들 명(命)의 흐름과 형상 없이 무엇으로 찾고 무엇으로 증명할 것인가? 한 점 바람이라도 불고, 한 점 구름이라도 볼 수 있어야 때를 아는 법, 육안(肉眼)을 떠나 어느 곳에서 혜안(慧眼)을 비출 것이며 몸을 떠나 어디에서 혜명(慧命)을 찾을 것인가. 이미 불성을 보았다 하여 형상의 색신(色身)을 늦가을의 허수아비쯤으로 가벼이 여긴다면 날은 점점 추워오는데 갈 길은 아득할 뿐이다. 그런즉 성(性)을 구하되 색(色)을 외면하면 이 또한 헛된 것이오, 보이는 것만을 전부라 여기고 비밀스러운 오묘한 이치를 깨닫지 못하면 이 또한 헛된 것이다.

이유인즉슨 이 둘이 다르지 않기 때문이다. 성(性)으로부터 갈라져 나온 것이 명(命)이오, 다시 그 명(命)으로부터 새어 나온 것이 정(精)인즉 이 셋이 바람과 불, 물, 흙과 뒤섞여 각각의 상(像)을 이루면서 색신(色身)을 이루는바 처음의 성(性)과 나중의 색(色)이 어찌 다르다 할 것인가. 하지만 드러나 있는 유(有)의 것만을 보고, 드러나지 않은 무(無)의 것을 보지 못한다면 오직 다르다고 하는 견해에만 치우쳐 하릴없이 분별만 지을 뿐이다.

색(色)을 무시하고 외면한 채 성(性)의 이치만을 좇는 것도 헛되기는 마찬가지다. 비록 색신의 존재가 번뇌의 집착으로 이루어지기는 했으나 법신을 증명하는 데에는 없어서는 안 될 방편인 만큼 일방적 단견에 빠져 치우치면 이루었다 해도 외눈박이밖에는 될 수가 없어 전체를 본다 해도 반쪽밖에는 볼 수가 없다. 그러므로 색과 성이 둘이 아님을 깨달아 둘 다를 닦아야 한다. 이 것을 성명쌍수(性命雙修)라고 하는데 나아가서는 신기쌍수(神氣雙修)가 되고 정혜쌍수(定慧雙修)가 되어 마침내 일승(一乘)을 이루게 되는 것이다.

만물의 세상에서 하나만을 가지고 이루어지는 일은 없다. 최소한 둘은 있어야 한다. 하늘이 있으면 땅이 있어야 운행이 되고, 뭍이 있으면 물이 있어야 생명체의 존립이 가능해진다. 그런가 하면 여자와 남자가 함께 있어야 생명의 싹을 맺을 수 있고, 색(色)이 있어야 공(空)을 증명할 수가 있다. 그렇다고 색신(色身)을 법신(法身) 대하듯 해야 한다는 것은 아니다. 색신의 정체를 훤히 밝혀 법신을 보는 데 도구로 쓰라는 것이다.

참된 공부란 무엇인가?

범소유상(凡所有相) 개시허망(皆是虛妄)이라고 하였다. 보여지는 모두 현상이 다 허망하다 하였는즉 약견제상비상(若見諸相非相) 즉 견여래(即見如來)라, 모든 상이 허망한 줄을 알면 곧 여래를 보는 것이라고 하였다. 이 말은 색의 정체를 밝힘으로써 번뇌의 집착 으로부터 감추어져 있던 불성의 빛을 드러나게 한다는 뜻이다. 그러므로 색(色)을 모르거나 없는 데서 성(性)을 찾는 일 또한 귀신 놀이에 지나지 않음을 알아야 한다.

원문에 보면 견(見)이라는 말이 나온다. 풀이하면 '본다'라는 뜻 인데 신상(身相)으로는 여래를 볼 수 없고, 신상허망(身相虛妄)인 줄 알아야 여래를 볼 수가 있다 하였으니 육안(肉眼)을 넘어 혜안(慧 眼)으로 보는 것을 말한다.

눈(眼)의 모양은 마치 양파와 같아서 여러 겹으로 둘러싸여 있 다. 맨 겉이 육안이고, 껍질 하나를 벗기면 영안(靈眼)으로 소위 귀신을 볼 수가 있다. 또 하나 껍질을 벗기면 혜안(慧眼)으로 각성 (覺性)의 눈 또는 지혜의 눈이 열린다. 그 뒤로 심안(心眼), 법안(法 眼), 불안(佛眼)이 있는데 각성(覺性)의 진화(進化) 수준에 따라 나누 어진다.

심안은 마음의 눈이 열렸다는 것인데 이것은 눈썹과 눈썹 사 이에 위치한 눈으로 이 눈이 열리면 번뇌로 얼룩진 집착의 상을 볼 수가 있어 혜안과 같이 쓰이기도 한다. 법안이 열리면 삼라만

상의 이치와 제법(諸法)의 상(相)을 보게 되는데 안타깝게도 법 아
닌 것은 보지 못한다. 세상에 법 아닌 것이 어디 있을까마는 불
안이 열리면 모든 세계가 평등하지 않은 것이 없어 법이라고 할
것이 없는 만큼 일체법 또한 법상(法相)인 것이다.

토막

제자가 묻는다.

"명상 중에 일어나는 생각을 어찌하면 없앨 수 있겠습니까?"

"생각은 없애는 것이 아니라 지켜보는 것이다."

정신희유분

正信希有分

수보리(須菩提) 백불언(白佛言)하사대 세존(世尊)하 파유중생(頗有衆生)이 득문여시(得聞如是) 언설장구(言說章句)하고 생실신부(生實信不)아 불고수보리(佛告須菩提)하사대 막작시설(莫作是說)하라 여래멸후(如來滅後) 후오백세(後五百歲)에 유지계수복자(有持戒修福者)하여 어차장구(於此章句)에 능생신심(能生信心)하여 이차위실(以此爲實)하리니 당지시인(當知是人)은 불어일불이(不於一佛二) 불삼사오불(佛三四五佛)에 이종선근(而種善根)이라 이어무량(已於無量) 천만불소(千萬佛所)에 종제선근(種諸善根)하여 문시장구(聞是章句)하고 내지일념(乃至一念)이라도 생정신자(生淨信者)니라

해설

수보리가 부처님께 아뢰기를 세존이시여, 사뭇 많은 중생들이 이와 같은 말씀을 듣거나 경을 읽고 참다운 믿음을 낼 수 있겠습니까?라고 하자, 부처님께서 답하시기를 그렇게 말하지 마라. 여래가 멸도한 후 오백 세(이천 오백 년)가 지난 뒤에도 계를 지키고 복을 닦는 이가 있어 이와 같은 경구를 읽고 신심을 내어 참답게 여기리라. 그러니 마땅히 알라. 이 사람은 심은 선근이 일불 이불 삼불 사불 오불뿐만 아니라 이미 한량없는 천만 불 처소 모두에 선근을 심었으므로 이와 같은 경구를 듣기만 해도 한순간에 청정한 믿음을 가지게 된다.

촌부풀이

● 바른 믿음의 어려움

수보리가 묻기를, 머무름 없는 무주(無住)의 이치를 듣고 깨우치기가 상근기자한테도 어려운 일인데 과연 먼 훗날의 중생들이 오래전 부처님께서 말씀하신 경구를 듣고 참다운 믿음을 낼 수 있겠습니까?라고 하자, 부처님의 답변은 그리 말하지 말라 하면서 단호하게 선을 긋는다.

부처님께서는 일체 중생을 빠짐없이 교화하여 제도하겠노라 언약하신 분이다. 그것은 말법시대라고 해도 예외일 수 없다. 억겁의 오랜 시간이 흐른 뒤라 해도 상관없는 일이다.

사실 믿음의 세계에서 공간과 시간은 아무런 문제가 되지 않는다. 수만 리 떨어져 있어도 바로 곁에 있는 것과 다름이 없고, 억겁의 시간이 흘러도 지금 이 순간이기는 마찬가지다. 왜냐하면 정신의 세계는 단단한 형상을 갖춘 물질의 세계를 초월하였기에 시공간 또한 장애가 없다.

문제는 신심(信心)이다. 믿음이 도타우면 지혜는 언제 어디서든 때와 장소를 가리지 않고 요술지팡이 두드리듯 생겨 나온다. 그렇다고 하여 믿음이 없던 지혜를 만들어준 것은 아니다. 믿음에 의해 까마득히 잊고 있었던 지혜가 떠오른 것이다. 하지만 그마저도 신심이 돈독하지 못하면 바로 곁에 부처가 있어도 모르고 지나쳐버린다.

신심을 바로 세우려면 우선 의심의 장애로부터 벗어나야 한다. 세상이 바뀌고, 세월이 흘러도 진리(眞理)는 항상(恒常)하며 진여(眞如)는 불변(不變)한다. 그러나 의심하는 순간 진리는 더 이상 진리가 아니며 무상(無常)의 존재로 흩어지면서 신심 또한 산산이 부서져버린다.

왜 의심하는 것인가?

파도처럼 밀려드는 두려움을 극복하지 못한 탓이다. 모든 만물은 성주괴공(成住壞空)의 이치에 따라 끊임없이 변하고 또 변한다. '나' 또한 예외일 수 없다. 하지만 생각의 염체(念体)는 변하지 않을 것 같은 인식에 고정되어 있다. 어찌 보면 이것은 지독한 모순일 수도 있다. 염체는 변할 수밖에 없는 원인 제공자인 동시에 염체 스스로는 변하지 않는다는 인식에 고정되어 있다. 그러나 염체는 이런 모순적 관계를 전혀 눈치채지 못한 채 끝없는 의심만을 반복하면서 두려움을 발생시킨다. 결국 자아로서의 '나'와 나로부터 발생하는 염체 사이에 혼란이 발생하면서 정체성을 잃어버린 것이다.

나는 누구인가?

본질의 정체성을 잃어버린 '나'에게 답은 없다. 다행히 전문화된 교육의 습득을 통해 생각이 곧 망념인 줄도 알게 되었고, '나' 또한 망념으로부터 비롯된 물질적 형상이라는 것도 알게 되었다. 하지만 의심과 두려움을 지우기에는 역부족이다. 왜냐하면 알았다고 하여 달라지는 것은 없기 때문이다. 아는 것은 말 그대로 지식 쌓기에 불과할 뿐 지혜의 증득과는 다른 문제다. '나'라는 존재가 망념의 조각들로 인연을 따라 서로 뒤엉키면서 굳어져버린 일종의 허상(虛相)인 줄을 깨달았다 해도 '나'는 나의 본질을 알지 못한 채 여전히 의심과 두려움에 쌓여 있고, 세간의 지식만으로는 알아낼 길이 없다. 여시(如是)로서의 지혜가 필요하다. 신심을 돈독히 하고 부처님께 도움을 청하니 무주상(無住相)의 이치를 말씀하신다. 무주상이란 상(相)에 머무르지 않는 것인데 청정한 믿음은 이러한 법문을 들음으로써 생기는 것이라고 하였다.

상(相)이란 사상(四相)을 말함인데 아상인상중생상수자상(我相人相衆生相壽者相)이 그것이다. 이 중에 대표적인 것이 아상이다. 아상을 벗어날 수 있으면 다른 상 또한 엉킨 실타래 풀리듯 풀려나갈 수가 있다.

아상이란 '나'에 대한 집착이다. '나'라는 것은 오온(五蘊)이 모여서 이루어진 것이므로 이름하여 '나'일 뿐, 실제로는 '나'라고 할 것이 없는 무상(無常)한 존재다. 아상이 소멸되면 인상 또한 비교할 대상이 없으므로 함께 사라져버리고, 생멸 또한 논할 것이 없기에 중생이라 할 상이 없고, 이미 '나'가 없음인데 생(生)의 길고 짧음이 있을 까닭이 없어 무수자(無壽者)인 것이다.

그렇다면 신심은 누가 내는 것인가? 불성(佛性)이자 법신이다. 그러므로 억겁의 세월이 지나도 항상 불변한 것이다. 사실상 삼승(三乘)으로서의 삼신(三身-법신, 보신, 화신)은 의심의 증거인 셈이다. 사람들이 부처님의 말씀과 경을 굳게 믿었다면 오로지 법신(法身)만이 있어야 마땅할 것이다. 하지만 믿음이 부족하고 의심이 끊기지 않은 탓에 보신(報身)과 화신(化身)을 방편 삼아 가르침을 준 것인 만큼 그 뜻을 깊이 헤아려 육안(肉眼)으로 보이는 것에만 매달려 신심을 그르치는 일이 없도록 해야 한다.

만약 불성(佛性)을 보았으면 보신과 화신은 뗏목에 불과한 것인즉 미련 없이 버릴 줄 알아야 물가에서 헤매는 어리석음을 면할 수가 있다. 그렇다고 하여 유무(有無)의 논리에 빠져 분별만 일삼는다면 물속의 고기 떼와 무엇이 다를 것인가.

머무름이 없는 이치를 깨우쳐 집착에서 벗어나기란 참으로 어려운 일이다. 집착이란 무엇인가? 망념에 대한 집요함이며 다르게는 마음에 맺힌 상(相)이라고 하는데 이것은 오직 각성(覺性)을 통한 실천행만으로 온전히 벗어날 수가 있다.

어떤 행(行)인가 하면 계(戒)를 지키고 그 계를 통하여 올바르게 전하는 것이다. 선사들은 그 계를 통해 얻는 근기를 가리켜 종제선근(種諸善根)이라 하였다.

종제선근이란 무엇인가?

세간의 법으로는 인의예지신(仁義禮智信)을 두루 실천하여 타인에게 피해를 주지 않으며, 자신에게는 엄격하여 경거망동하지 않는 것이고, 출세간의 법으로는 반야밀법을 횃불 삼아 일체 번뇌를 소멸하고 일체 중생의 어두운 앞길을 훤히 비추어 두려운 마음을 사라지게 해주는 것이 종제선근이다. 하지만 선근을 심는다 하여 그 복이 다 같을 수만은 없는 일이다. 똑같은 씨앗이라도 기름진 땅과 자갈밭에 심어지는 차이가 있을 것이오, 똑같은 땅이라도 품종의 질에 따른 차이가 있을 것이다. 그런가 하면 똑같은 땅과 똑같은 품질의 씨앗을 심었더라도 가꾸고 돌보는 정성에 따른 차별이 있을 것이오, 날씨와 해충의 피해에 따른 결실의 차이도 있을 것이다.

그런즉 한 어머니 뱃속에서 나왔어도 법신(法身)을 보는 자식과 삼신(三身)의 형상에 매달린 채 일신의 안위만을 구하는 자식의 그릇이 다른 법이고, 천년 세월 나고 죽기를 반복해도 무명(無明)의 업을 벗어나지 못해 헤매는 중생이 있는가 하면 무주상(無住相)의 이치를 단번에 깨달아 보살의 경지에 이른 이도 있으니 과연 무엇이 문제인가?

부처님께서는 그 원인 또한 선근(善根) 때문이라고 하셨다. 환생할 때마다 부처님 제자가 되기를 염원하여 뿌리 깊은 신심을 심고, 청정한 믿음으로 부처와 중생을 구분하지 않으며 모든 이를 부처 대하듯 한다면 선근의 복 또한 다르지 않다고 하였다. 그러므로 어느 때, 어느 곳에서든 반야바라밀법을 닦아 보살행을 실천하는 이가 있다면 굳이 옛 흔적을 찾아다니며 멀리서 부처를 찾을 까닭 또한 없지 않을까 싶다.

수보리(須菩提)야 여래실지실견(如來悉知悉見) 시제중생(是諸衆生)이 득여시무량복덕(得如是無量福德)이니라 하이고(何以故)오 시제중생(是諸衆生)이 무부아상인상중생상수자상(無復我相人相衆生相壽者相)하며 무법상(無法相)하며 역무비법상(亦無非法相)이니라

해설

수보리야 여래는 모든 중생이 이와 같은 한없는 복덕을 받게 되는 것을 다 알고 다 보고 있다. 왜냐하면 모든 중생이 아상, 인상, 중생상, 수자상이 없으며 법상도 없을뿐더러 진리라고 하는 법상도 진리가 아니라고 하는 법상도 없기 때문이다.

촌부풀이

여래는 사상(四相)뿐만 아니라 법상(法相) 또한 없기에 모든 중생의 한없는 복덕을 다 알고 다 볼 수 있다고 하셨다.

사상이 없다는 것은 옷에 묻은 얼룩이 지워졌다는 것이고, 법상마저 없어졌다는 것은 얼룩은 물론 옷의 있고 없음마저 잊어버렸다는 뜻이다. 그러므로 일체가 다 텅 비어 가릴 것이 없는데

모를 까닭이 있을까.

하지만 법을 논하면 상이 되고 다시 사상(四相)이 되는 것이니 법이란 무엇인가? 경계를 지어 나눈 것인즉 수행에 있어 가장 큰 경계란 몸과 마음일 것이다. 비록 지수화풍(地水火風)으로 이루어진 것이 몸이기는 하나 몸의 생멸이 있음은 마음 작용 때문인 만큼 서로 높고 낮음을 따져본들 무슨 소용이 있을까마는 그래도 차별을 해야 직성이 풀린다 하니 사상이 아니 생기고 배길 소인가.

하나의 예로 수행자들 사이에서 돈오(頓悟)와 점수(漸修)는 늘 논쟁거리다. 하지만 이 둘은 그저 상황에 따라 불리어지는 표현법이 다를 뿐이다. 애써 나누자면 돈오가 시간의 영향 밖에서 일으켜지는 번개 같은 깨달음의 현상이라면 점수는 시간 안에서 발생하는 점차적 교화이다. 그러므로 돈오는 각(覺)이오, 점수는 교(敎)가 되는 것에 지나지 않으나 서로를 주장하는 분별과 집착의 파벌 다툼으로 급기야는 종파까지 나누게 되었다.

시간의 영향 밖 세계라 함은 물질세계를 벗어난 정신세계를 말한다. 여기에서는 물질의 생멸 작용이 없는 관계로 시간의 변화에 따른 순차적 단계가 필요치 않다. 대신 모든 교류는 진동수에 따른 파장의 폭으로만 이루어진다. 즉 서로의 주파수가 일치하면 교통이 된다는 뜻이다. 자연 현상으로는 불꽃이 튄다고 하는데 수행의 측면에서 보면 순간적으로 각성이 일어나면서 이를 가리켜 돈오라고 하였다.

　반면 시간 안의 세계는 물질세계이며 생멸의 세계다. 그러므로 성주괴공(成住壞空)의 이치에 따라 모든 것이 순차적이며 규칙적으로 이루어지게끔 되어 있다. 말하는 것, 글 쓰는 것조차 순서가 있고, 무엇보다 법이 정해놓은 틀에 맞아야 한다. 때문에 교육이 필요하고 수준별 등급을 감별해내는 과정이 있어야 하므로 표현상 점수인 것이다.

　단지 그것뿐이다. 출세간의 공부에서 보면 돈오는 당연한 수행법이고, 세간의 공부에서 보면 점수 또한 당연한 교육법이다. 따라서 이 둘을 놓고 시비를 하고 우열을 가리겠다고 하는 것 자체가 법상에 걸린 것이고, 사상을 만드는 원인이 된다.

　무릇 점수의 인행(因行) 없이 어찌 찰나의 돈오가 일어날 수 있을 것이며 깨우침의 돈오 없이 어찌 점수의 근기를 세울 수 있을 것인가. 그런즉 성(性)의 이치를 관(觀)하여 흔들림 없는 깨우침을 이루는 것은 무주상의 이치를 세우는 근본이 되겠으나 그 순간이 있기까지 얼마만큼의 봄이 오고 가을이 갔음을 잊는다면 이루었다 해도 단견에 빠져 절름발이 신세를 면치 못할 것이다.

하이고(何以故)오 시제중생(是諸衆生)이 약심취상(若心取相)하면 즉
위착아인중생수자(卽爲着我人衆生壽者)니 약취법상(若取法相)이라
도 즉착아인중생수자(卽着我人衆生壽者)며 하이고(何以故)오 약취
비법상(若取非法相)이라도 즉착아인중생수자(卽着我人中生壽者)일
새니라 시고(是故)로 불응취법(不應取法)이며 불응취비법(不應取非
法)이니 이시의고(以是義故)로 여래상설(如來常說)하사대 여등비
구(汝等比丘)는 지아설법(知我說法)을 여벌유자(如筏喩者)라하나니
법상응사(法尙應捨)어든 하황비법(何況非法)이랴

해설

왜냐하면 만약에 모든 중생이 마음에 상을 취하게 되면 사상
에 집착하는 것이기 때문인즉 마음에 법을 취해도 사상에 집착
하는 것이고, 그릇된 법을 취해도 사상에 집착하는 것이 되기 때
문이다. 그러므로 법을 취하지도 말고 그릇된 법 또한 취하지 말
것이니 여래께서 말씀하시기를 너희들 비구는 내가 말한바 법이
곧 뗏목인 줄을 깨달아 법도 버려야 하거늘 그릇된 법이야.

촌부풀이

법이든 비법(非法)이든 마음에 이렇다 저렇다, 하는 상이 맺어져 집착이 되면 그 순간 물감 번지듯 퍼지면서 나와 너, 중생, 장생에 대한 욕망의 그림자가 불길처럼 일어나게 마련이다.

진리라고 해도 진리를 말하는 순간 그 진리 속에는 진리 아닌 것이 숨어들게 되고, 진리가 아니라고 해도 진리 아님을 말하는 순간 진리는 또 다른 상(相)으로 나타나게끔 되어 있다.

진리란 무엇인가? 이 세상에서의 진리는 곧 법이다. 그렇다면 법은 누구에게나 평등한가? 평등함을 위해 만들어졌지만 평등하지가 않다. 왜냐하면 법을 이해하고 받아들이는 사람들의 수준이 평등하지가 않기 때문이다. 그 결과 모든 법은 절대적 주재(主宰)에서 상대적 존재로 변질이 되어버렸고, 드러난 것이 비법(非法)이다.

비법(非法)은 무엇인가? 기복(祈福)이다. 왜냐하면 원하는 대상이 물질적이기 때문이다. 그래도 우기는 이들이 있어 법은 변질이 되어도 상대적으로 덜 타락했기에 비법보다 깨끗하다고 주장하지만 겨 묻은 개가 똥 묻은 개 나무라는 격이다.

중생이란 무엇인가?

'나'와 '나의 몸', '나의 생각', '나의 마음'을 위한 아상(我相)이 만들어지면 그런 '나'를 위한 대상으로서 인상(人相)이 생겨나고, 그런 '나'의 존재를 유지하려면 운명이 있어야 하므로 중생상(衆生相)이 있어야 하고, 그런 '나'를 오랫동안 보고 싶은 욕망에 수자상(壽者相)이 나타나면서 중생이 되는 것이다. 그러므로 중생은 외부에서 온 것이 아닌 스스로 만든 것이다. 때문에 자연발생적일 수도 있지만 창조적일 수도 있다.

인연(因緣)이란 것 역시 중생 스스로 만들어놓은 굴레일 뿐이다. 왜냐하면 인(因)도 '나'로부터 시작이 되었고, 연(緣)도 '나'로부터 이어지기 때문이다. 그저 오랜 시간 동안 '나'를 꼭짓점으로 하여 원 하나 그린 셈이다. 전생에서도 그랬고, 현세에서도 그리고 있는 중이고, 내세에서도 그릴 것이다. 이것이 중생이다. 그런데 더욱 중요한 사실은 모르고 있기에 중생인 것이 아니라 알려고 하지 않기에 중생인 것이다.

법은 그런 중생들을 위해 진리의 화살을 쏘지만 중생들은 그 법을 황금으로 바꾸어 보물창고에 깊숙이 보관해놓고는 우러러 보게 함으로써 스스로 비법을 만든다. 그러므로 진리의 법을 구하여 상(相)을 벗어날 수 있다는 견해는 지극히 잘못된 것이다. 법이란 상에서 벗어나지 못했으면 뗏목 삼아 강 건너는 데 쓰면 될 일이고, 벗어났으면 지체 없이 버리고 피안의 언덕을 넘어야 한다.

토막

제자가 묻기를,

"중도란 무엇입니까?"

스승 왈,

"네놈 얼굴이 잘생겨 보이면 내 눈이 삐뚤어진 것이냐? 제대로 된 것이냐?"

무득무설분

無得無說分

수보리(須菩提)야 어의운하(於意云何) 여래득아뇩다라삼먁삼보리
야(如來得阿耨多羅三藐三菩提耶)아 여래유소설법야(如來有所說法耶)아
수보리언(須菩提言)하되 여아해불소설의(如我解佛所說義)컨덴 무
유정법(無有定法)을 명아뇩다라삼먁삼보리(名阿耨多羅三藐三菩提)
며 역무유정법(亦無有定法)을 여래가설(如來可說)이니 하이고(何以
故)오 여래소설법(如來所說法)은 개불가취(皆不可取)며 불가설(不可
說)이며 비법(非法)이며 비비법(非非法)이니 소이자하(所以者何)오
일체현성(一切賢聖)이 개이무위법(皆以無爲法)으로 이유차별(而有
差別)일새니이다

해설

수보리야, 어찌 생각하느냐? 여래가 무상정등정각을 증득했느냐? 여래가 법을 말한 바 있느냐? 수보라가 답하기를, 제가 부처님께서 말씀하신 뜻을 살펴보건대 아뇩다라삼먁삼보리라 말할만한 법이 없으며 여래께서 정하신 법도 없나이다. 왜냐하면 여래께서 말씀하신 법은 다 취할 수도 없고, 말할 수도 없으며 법도 아니고 법 아닌 것도 아니기 때문입니다. 어찌 그런가 하면 모든 현자와 성인은 무위법으로 차별을 짓기 때문입니다.

촌부풀이

● 얻을 것도 가르칠 것도 없다.

소위 얻을 것이 있고, 가르칠 것이 있음을 두고 인연(因緣)이라고 한다. 이것은 앞과 뒤를 이어주는 끈으로서의 연결 혹은 연장의 의미만 있을 뿐 그 고리가 끊어지면 존재 또한 사라져버리게 됨으로써 실상(實相)으로 나타난다. 그러나 찰나라도 인(因)과 연(緣)이 맺어지면 실상은 감춰지고 대신 드러나는 것이 환영(幻影)이다.

환영은 허상(虛相)일 수밖에 없다. 왜냐하면 뿌리 없는 연기(緣起)의 과정으로만 이루어져 있어 무상(無常)하기 때문이다. 그러므로 일체가 무상한 것은 변하지 않는 것이 없다는 뜻이고, 본성을 잃었다는 것이기도 하다. 경전은 그 원인으로 차별을 말하고 있다. 차별이란 유위법으로부터 발생되는 것으로써 대개는 집착과 분별에 의해 이루어지고 있으며, 그 상(相)이 고착화되면 무위법(無爲法)을 증득한 현자와 성현이라도 차별의 올가미에서 벗어날 수가 없다.

온전한 무위법을 증득하기 위해서 집착과 분별의 상을 벗어나는 것은 당연한 일이겠으나 더 이상 집착과 분별을 일으키지 않는 경지에 올랐다 해도 차별의 그물에 걸리는 것은 미세하게라도 주고받음이 있어 인연의 고리가 만들어졌기 때문이다. 이를테면 성문(聲聞)이 사성제(四聖諦)를 주장하고, 연각(緣覺)이 연기법(緣起法)을 따르는 것도 위아래로 주고받는 것이 있어 생겨난 인연의 고리인 셈이다. 그러나 중생 구제를 위해서는 유위법으로서의 만법(萬法) 또한 필요한 일이다. 왜냐하면 중생마다 신분과 근기가 다르기 때문이다. 배가 아픈데 두통을 낫게 하는 처방은 아무 소용이 없듯이 법을 펼침에 있어서도 듣는 사람의 수준에 맞춰 가르쳐야 모두에게 효험이 있을 터인즉 사판(事判)의 세간에서는 부처님이라도 상황에 따라 방편을 달리할 수밖에 없었을 것이다. 그러나 부처님께서는 만법(萬法)에 능하신 분이어서 중생마다 필요한 법문을 낱낱이 헤아려 펼쳐주시니 감히 그 수승한 지혜와 공덕을 무엇으로 비교할 수 있을까. 더욱이 부처님께서는

일체의 호의마저 받아들이지 않으셨을 뿐만 아니라 가르침을 베
푼 것조차 모른척함으로써 일체의 인연과 그 고리를 차단하는
무위법의 진수를 보여주셨다.

부처님의 무위법에는 차별이 없다. 무주(無住) 무상(無常)이라서
차별이 없고, 무기(無起) 무생(無生)이라서 차별이 없다. 그러므로
중생 제도를 위한 방편의 법문을 펼쳤어도 무득무설(無得無說)인
것이다.

토막

제자가 묻는다.
"도 닦는 사람도 화를 냅니까?"
스승 왈,
"화가 났는데 화내지 않으면 헛 닦은 사람이고, 화를 내면 덜
닦은 사람이다."

의법출생분

依法出生分

수보리(須菩提)야 어의운하(於意云何) 약인(若人)이 만삼천대천세계칠보(滿三千大千世界七寶)로 이용보시(以用布施)하면 시인(是人)의 소득복덕(所得福德)이 영위다부(寧爲多不)아 수보리언(須菩提言)하되 심다(甚多)니이다 세존(世尊)이시여 하이고(何以故)오 시복덕(是福德)이 즉비복덕성(卽非福德性)일세 시고(是故)로 여래설복덕다(如來說福德多)니이다

해설

수보리야, 어떻게 생각하느냐? 만약에 어떤 사람이 삼천대천 세계에 가득한 칠보를 가지고 널리 보시한다면 얻는 복덕이 얼마나 많겠는가? 수보리가 대답하기를, 참으로 많을 겁니다. 세존이시여 왜냐하면 이 복덕은 복덕성이 아닌 관계로 여래께서 복덕이 많다 하신 겁니다.

촌부풀이

● 만유는(萬有)는 법으로부터 나온다.

부처님께서 보시의 복덕에 관한 수보리의 생각을 묻는다. 그러자 수보리는 여래께서 말씀하신 복덕이 매우 많기는 하다만은 실제로는 아무런 이익이 없다고 하였다. 왜냐하면 참다운 보시어야만 참다운 복덕이 되기 때문이다.

참다운 보시란 '나'를 드러내지 않고 베푸는 것이다. 삼천대천 세계에 수많은 금은보화를 보시했다 하여도 '나'를 드러냈으면 그 값은 겉으로는 매우 큰 복덕이지만 실제로는 아주 작은 복덕에 지나지 않는다.

뿌린 만큼 거두는 것이 세상의 이치이자 순리다. 밥을 공양하면 더 많은 양식을 얻고, 법을 보시하면 더 큰 진리를 얻는다. 하지만 법을 보시했다 하여도 분별을 일으키면 복덕성(福德性)을 얻지 못한다.

복덕과 복덕성은 다른 것이다. 복덕에는 여러 종류의 보시와 '나'라고 하는 보시의 대상이 있으나 복덕성에는 '나'는 없고, 오로지 보시만이 있을 뿐이다. 때문에 성(性)이 붙은 것이다. 복덕에 성(性)을 붙인다는 것은 자아(自我)의 개체적 존재가 아닌 불성(佛性)의 주재자로서 베풀었다는 뜻이다. 복덕에 성(性)이 없으면 수없이 많은 생명을 구하고 의로운 일을 했다 하더라도 사구게 한 구절을 베푼 공덕에도 미치지 못한다. 그만큼 불성을 성취한 이의 보시 공덕이 크다는 것이고, 분별을 넘어선 대가가 한량이 없다.

약부유인(若復有人)이 어차경중(於此經中)에 수지내지사구게등(受持乃至四句偈等)하여 위타인설(爲他人說)하면 기복(其福)이 승피(勝彼)하리니 하이고(何以故)오 수보리(須菩提)야 일체제불(一切諸佛)과 급제불(及諸佛) 아뇩다라삼먁삼보리법(阿耨多羅三藐三菩提法)이 개종차경출(皆從此經出)일새니이다 수보리(須菩提)야 소위불법자(所謂佛法者)는 즉비불법(卽非佛法)이니라

해설

만약에 어떤 이가 이 경전 중에 사구게만이라도 지니고 외워서 타인을 위해 가르침을 펼친다면 그 복이 재물을 보시한 복보다 더 뛰어날 것이다. 왜냐하면 수보리야, 모든 부처님의 아뇩다라삼먁삼보리법이 다 이 경전으로부터 나온 때문이다. 수보리야, 그러므로 불법이란 것은 불법이 아닌 것이다.

촌부풀이

수지(受持)란 배움이고, 내지(乃至)는 닦음을 말한다. 또한 사구게(四句偈)는 금강반야밀경의 구절을 말하는바, 누구라도 구절 하나만이라도 지니고 외워 다른 이의 각성을 위해 가르침을 펼친다면 그 공덕은 수많은 보화를 보시한 공덕보다 크다는 것이다. 왜냐하면 그 공덕은 복덕이 아닌 복덕성이기 때문이다.

복덕성(福德性)이란 무주상(無住相)의 불성(佛性)이며 청정행(淸淨行)이므로 일체 내왕(來往)이 없고, 대가가 없다. 경을 듣는 순간 반야의 지혜가 내면 한가운데로부터 일어나 무명(無明)의 동굴을 환히 비추니 구름 속에 감추어 있던 태양이 스스로 그 빛을 드러냄과 같은 이치다. 그러므로 무상정등정각(無上正等正覺)의 법을 달리 어디서 찾을 것인가. 차려주고 떠먹여주기까지 해도 먹지 않는 다면 오불(五佛)이 와도 소용없는 일이다.

그런데 의문이 있다. 복덕성이 곧 불성이라면 처음부터 불성이라고 해도 될 일을 굳이 복덕성이라고 한 까닭은 무엇인가?

불성(佛性)은 일승으로서의 성이지만 복덕성은 만법(萬法)으로서의 성이기 때문이다. 풀이하자면 불성은 실상(實相)이지만 복덕성은 방편이라는 뜻이다. 만약에 무상정등정각의 법만을 말했으면 굳이 복덕성이라고 할 이유가 없다. 하지만 세간의 재시와 비교하여 법시의 공덕을 말한 것이므로 이름하여 복덕성이라고 한 것이다. 그렇다고 불성이 아닌 것도 아니다. 이판(理判)의 세계에서는 불성이라고 해야 어울리고, 사판(事判)의 세상에서는 복덕성이라고 해야 알아들을 것 같아 표현을 달리했을 뿐이다.

사람들이 가장 많이 착각하는 것 중의 하나가 법(法)과 경전이다. 법을 '근본' '바탕'이라고 하면 경전은 법을 증득하기 위한 제도이며 방편이다. 그러므로 절대적이고 항상(恒常)하며 불변하는 것을 법이라고 하면 경전은 상대적이며 무상(無常)하며 성주괴공(成住壞空)의 이치에 따라 변하기를 마다하지 않는다. 왜냐하면 경전은 육안으로도 볼 수 있지만 법은 오로지 혜안(慧眼)으로만 볼 수 있기 때문이다. 따라서 경전을 방편으로 하여 법을 구(求)하되 경전의 글귀에만 머무르게 되면 법이 아닌 것인 만큼 여래께서 불법이 실은 불법이 아니라고 한 것이다.

　마찬가지로 복덕성을 불성이라고 해도 틀린 말은 아니겠으나 금강반야밀의 경전과 사구게의 법이 다른 것처럼 이 또한 명확한 구분이 있어야 가리키는 손가락을 달로 보는 일 따위는 일어나지 않을까 싶다.

토막

제자가 묻는다.
"진리가 아닌 것은 어찌 알 수가 있습니까?"
스승이 답하기를
"의심이 일면 진리가 아니다."

일상무상분

一相無相分

수보리(須菩提)야 어의운하(於意云何)오 수다원(須陀洹)이 능작시념(能作是念)하되 아득수다원과부(我得須陀洹果不)아 수보리언(須菩提言)하되 불야(不也)니이다 세존(世尊)이시여 하이고(何以故)오 수다원(須陀洹)은 명위입류(名爲入流)로되 이무소입(而無所入)하여 불입색성향미촉법(不入色聲香味觸法)일세 시명수다원(是名須陀洹)이니다

해설

수보리야, 어떻게 생각하느냐? 수다원이 과를 증득한 뒤에 내가 수다원과를 증득했다는 생각을 하겠느냐? 수보리가 말했다. 아닙니다. 세존이시여, 수다원을 이름하여 '입류'라고 하지만 실은 들어간 곳이 없고, 육진에도 들어가지 않지만 이름으로만 수다원이라고 할 뿐입니다.

촌부풀이

● 일체 상(相)은 상이 아니다.

수다원(須陀洹)을 다르게는 예류(豫流)라고 한다. 이것은 소승불교의 성문사과(聲聞四果) 중 첫 번째 수행단계로 윤회의 흐름을 타파하고 거슬러 올라 더 이상 육진(六塵) 번뇌에 물들지 않은 경지의 수행자를 말한다. 아직 과정 중인 때를 향(向)이라고 하고, 다이루었으면 과(果)라고 한다.

여래께서 묻는다. 수다원과를 증득한 이가 과연 내가 증득했다는 생각을 가지고 있겠는가?

수보리는 아니라고 말한다. 그러면서 수다원은 성인(聖人)의 반열에 들어섰음을 뜻하는 이름일 뿐이라고 하였다. 들어가기는 했으나 내왕(來往)에 걸림이 없고, 육진을 벗어났어도 벗어났다는 더 이상의 마음 작용이 일어나지 않는 것을 가리켜 방편으로 수다원이라고 말할 뿐이다.

그러므로 수다원과를 증득한 이라면 내가 수다원과를 증득했다는 마음이 더 이상 일어날 까닭이 없기에 이름뿐인 것이고, 증득했다는 마음이 조금이라도 남아 있으면 아직 과(果)가 아닌 향(向)의 상태이므로 이 또한 이름일 뿐이다.

> 수보리(須菩提)야 어의운하(於意云何)오 사다함(斯陀含)이 능작시념(能作是念)하되 아득사다함과부(我得斯陀含果不)아 수보리언(須菩提言)하되 불야(不也)니이다 세존(世尊)이시여 하이고(何以故)오 사다함(斯陀含)은 명일왕래(名一往來)로되 이실무왕래(而實無往來)일세 시명사다함(是名斯陀含)이니이다.

해설

수보리야, 어떻게 생각하느냐? 사다함이 생각하기를 내가 사다함과를 증득했다 생각을 하겠느냐? 수보리가 답하기를, 아닙

니다. 세존이시여, 사다함의 뜻이 일왕래라 하여 한번 갔다 온다
는 것인데 실제로는 가고 옴이 없어 이름만 사다함이라고 할 뿐
입니다.

촌부풀이

이번에는 사다함(斯陀含)에 대해 묻는다. 사다함이란 일래(一來)
로써 일체 번뇌를 여의고 무아(無我)의 단계를 성취하였으나 아직
약간의 습(習)과 업(業)이 남아 인간세(人間世)에 다시 태어났다가
본래의 자리로 돌아가 생사를 벗어나는 것을 말한다. 이것 역시
도 과정 중에 있으면 일래향(一來向)이오, 다 마쳤으면 일래과(一來
果)라고 한다.

수보리(須菩提)야 어의운하(於意云何)오 아나함(阿那含)이 능작시
념(能作是念)하되 아득아나함과부(我得阿那含果不)아 수보리언(須菩
提言)하되 불야(不也)니이다 세존(世尊)이시여 하이고(何以故)오 아
나함(阿那含)은 명위불래(名爲不來)로되 이실무불래(而實無不來)일
세 시고(是故)로 명아나함(名阿那含)이니이다

해설

수보리야, 어떻게 생각하느냐? 아나함을 증득한 이가 생각하기를 내가 아나함과를 증득했노라 하겠느냐? 수보리가 답하기를, 아닙니다. 세존이시여, 아나함의 뜻이 불래(不來)라 하여 오지 않는다는 것인데 실제로는 오지 않는다는 생각이 없어 이름만 아나함이라고 할 뿐입니다.

촌부풀이

그럼 아나함을 얻은 것에 대한 수보리의 생각은 어떠한가? 수보리가 말하기를 실제로는 오지 않는다는 생각이 없어 이름만 아나함이라고 한다.

아나함은 불래(不來)이다. 수다원을 성인(聖人)과 중생(衆生)의 경계라고 하면 사다함과 아나함은 정해진 공간과 시간 속의 진화적 과정이다. 그런즉 아직 물질의 잔가지가 남아 있다는 뜻이다. 비록 '불래'라 하여 육진 번뇌의 때를 씻고 다시는 돌아오지 않는다 해도 그것은 욕계에서 태어나는 일이 없는 것일 뿐, 때가 되면 색계와 무색계에서 다시 태어나 나머지 과정을 마쳐야 한다.

수보리(須菩提)야 어의운하(於意云何)오 아라한(阿羅漢)이 능작시념(能作是念)하되 아득아라한도부(我得阿羅漢道不)아 수보리언(須菩提言)하되 불야(不也)니이다 세존(世尊)이시여 하이고(何以故)오 실무유법(實無有法)하여 명아라한(名阿羅漢)이오니 세존(世尊)이시여 약아라한(若阿羅漢)이 작시념(作是念)하되 아득아라한도(我得阿羅漢道)라하면 즉위착아인중생수자(卽爲着我人衆生壽者)일새니이다

해설

수보리야, 어떻게 생각하느냐? 아라한과를 증득한 이가 생각하기를 내가 아라한과를 증득하였다 여기겠느냐? 수보리가 답하기를, 아닙니다. 세존이시여, 실제로는 아라한이라 할만한 법이 없습니다. 세존이시여, 만약에 아라한이 생각하기를 내가 아라한의 도를 증득했다고 한다면 곧 사상에 걸린 것이 되기 때문입니다.

촌부풀이

아라한은 번뇌 멸진이므로 다툼과 이루었다는 성취의 마음을 내면 옳지 않은 일이다. 만약 그런 마음(법의 옳고 그름을 찾고자 하는)이

조금이라도 생긴다면 참된 아라한이라 할 수 없으며, 아라한의 도를 이루었다는 마음을 내는 것 또한 사상(四相)에 집착하는 것이 되므로 과(果)의 증득은 불가한 것이 된다. 그러므로 참된 아라한향(阿羅漢向)과 그 과(果)는 무쟁삼매(無諍三昧)로서의 무학위(無學位)이어야만 한다.

무쟁삼매란 무엇인가?

내면의 갈등, 번뇌, 분쟁 등이 다 사라진 경지를 말함인데 다르게는 이욕아라한(離慾阿羅漢)이라고 하여 탐욕으로부터 벗어난 존재를 말한다. 무엇이 탐욕인가? 내 것이 있고, 내 것이라 하고 싶은 게 있음이 탐욕이다. 그러므로 그로 인한 갈등과 번뇌, 분쟁은 끊이지 않는다.

아라한은 이러한 다툼에서 영원히 벗어난 소승의 성자를 말한다. 응공(應供)이라 하여 공양을 받을 만큼의 존경자를 의미하기도 하고, 모든 번뇌를 없앴다 하여 살적(殺賊)이라고도 한다. 그런가 하면 진리에 상응하는 존재로서 응진(應眞)이라고도 하고, 더 이상 닦을 것이 없다 하여 무학(無學)이라고도 한다. 특히 소승불교에서의 아라한의 자격은 먼 곳까지 볼 수 있는 천안(天眼), 전생을 볼 수 있는 숙명(宿命), 밖으로 새어나가고자 하는 정(精)을 막아내는 누진(漏盡)의 삼명(三明)을 갖추어야 만이 성자로 인정받았다.

세존(世尊)이시여 불설아득무쟁삼매인중(佛說我得無諍三昧人中)에 최위제일(最爲第一)이라 시제일이욕아라한(是第一離欲阿羅漢)이라 하시오나 세존(世尊)이시여 아부작시념(我不作是念)하되 아시이욕아라한(我是離欲阿羅漢)이니이다 세존(世尊)이시여 아약작시념(我若作是念)하되 아득아라한(我得阿羅漢)라하오면 세존(世尊)이 즉불설(卽不說) 수보리(須菩提) 시요아란나행자(是樂阿蘭那行者)라하시련만 이수보리(以須菩提) 실무소행(實無所行)일세 이명수보리(而名須菩提) 시요아란나행(是樂阿蘭那行)이니다

해설

　세존이시여, 부처님께서 말씀하시기를 제가 무쟁삼매를 증득한 이들 중에 제일 으뜸이라 하셨으나 세존이시여, 저는 이욕아라한이라는 마음을 낸 적이 없습니다. 세존이시여, 만약에 제가 아라한의 도를 이루었다는 마음을 내었다면 세존께서 수보리가 아란나행을 즐겨 하는 사람이라고 말씀하지 않았을 테지만 수보리가 실제로는 행한 바 없기에 수보리가 아란나행을 즐겨 하는 자라고 이름하신 겁니다.

촌부풀이

성문승의 수행단계는 수다원의 입류(入流)를 시작으로 사다함의 일래(一來), 아나함의 불환(不還)을 거쳐 아라한의 무쟁(無諍)으로 종착된다. 하지만 이러한 4향4과(四向四果)의 과정을 통한 수행의 완성을 이루었음에도 사람들은 이들을 가리켜 부처라 이름하지 않는다. 왜냐하면 아란나행(阿蘭那行)이 없기 때문이다.

아란나행이란 다름 아닌 무쟁행(無諍行)이다. 여기에서 무쟁은 곧 청정(淨淸)이오, 행(行)은 실천을 말한다. 청정하다는 것은 텅 비어 논할 것이 없다는 뜻이오, 실천은 곧 자비(慈悲)를 가리키는 말로서 온전한 베풂은 무소유의 삶이 아니면 이루어질 수가 없다.

그러므로 베풀었다는 생각조차 하지 말아야 한다. 세간과 출세간의 경계를 무엇으로 나눌 것인가? 생각이다. 티끌만 한 생각이 아지랑이처럼 피어오르면 구(垢-더러움)의 세간이오, 생각을 온전히 벗어나면 청(淸-맑음)의 출세간이다.

만약 맑은 하늘에 구름 한 점 끼었다 하여 허물이 된다 하면 법이 문제일까 생각이 문제일까?

수보리는 부처님으로부터 욕심을 벗어난 최상의 아라한이라는 칭찬을 들었지만 그것으로 만족하지 않았다. 왜냐하면 그 안에는 자신도 모르는 사이 상(相)이 남아 있기 때문이다. 만약 무쟁(無諍)에 으뜸이라고 하는 차별이 있다면 그것은 참다운 무쟁일 수가 없다.

참다운 무쟁이 되기 위해서는 행(行)하되 행(行)함을 몰라야 한다. 어떻게 하면 모를 수가 있을까? 우리가 생각으로부터 비롯된 존재임을 의식하고 있는 한 과연 모른다는 것이 가능한 일일까?

답은 하심(下心)에 있다. '나'를 낮추면 온 세상이 낮아지고, 다툼은 바람에 구름 걷히듯 저절로 사라지지만 '나'를 높이면 온 세상도 함께 높아지고 다툼은 바람에 구름 몰려오듯 일어나 벼락과 천둥, 번개를 동반하기 마련이다. 그렇다고 하심을 무심(無心)으로 착각하지 마라. 하심은 평등심이지만 무심은 마음이 응하지 않은 것일 뿐, 보이지 않은 차별이 남아 있기에 무쟁 삼매를 이루기에는 여전히 부족하다.

토막

제자가 묻는다.

"다투지 않으려면 어찌해야 합니까?"

"다투지 않으면 된다."

장엄정토분

莊嚴淨土分

불고수보리(佛告須菩提)하사대 어의운하(於意云何)오 여래(如來) 석
재연등불소(昔在燃燈佛所)하여 어법(於法)에 유소득부(有所得不)아
불야(不也)니이다 세존(世尊)이시여 여래재연등불소(如來在燃燈佛
所)하사 어법(於法)에 실무소득(實無所得)이시니이다 수보리(須菩
提)야 어의운하(於意云何)오 보살(菩薩)이 장엄불토부(莊嚴佛土不)
아 불야(不也)니이다 세존(世尊)이시여 하이고(何以故)오 장엄불
토자(莊嚴佛土者)는 즉비장엄(卽非莊嚴)일세 시명장엄(是名莊嚴)이
니이다

해설

부처님께서 수보리에게 말하기를, 어찌 생각하느냐? 여래가 과거에 연등불 처소에서 법을 얻은 바가 있느냐? 아닙니다. 세존이시여, 여래께서는 연등불 처소에 계실 때에 법을 얻은 바가 없습니다. 수보리야, 어찌 생각하느냐? 보살이 불국토를 장엄한 것이라 생각하느냐? 아닙니다. 세존이시여, 왜냐하면 불국토를 장엄한 것은 장엄이 아니라 이름뿐이기 때문입니다.

촌부풀이

● **정토(淨土)를 꾸미는 일에는 인연(因緣)도 없고, 법(法)도 없다.**

과거에 여래가 연등불로부터 얻었다는 것은 무엇인가?

그것은 길이다. 부처님이 세상에서 제일 높고 존귀한 분이라고 해도 인류의 몸을 가지고 세상에 오신 이상 인간세의 순리를 벗어날 수는 없는 일이다. 세상에 나오려면 부모의 연이 필요하고, 자식을 낳으려면 부부의 연을 빌려야 한다. 그런가 하면 올바른 성장을 위해서는 스승의 법을 얻어야 한다. 만약 이러한 차례를 무시한 채 홀로 높기만을 내세운다면 신기하다 여기며 구경은 해도 존경하며 따르지는 않을 것이다.

그러므로 비록 연의 정체가 질긴 칡뿌리 같고, 법상(法相)으로 인하여 번뇌를 항복 받지 못하였다 해도 괴로워할 일은 아니다. 제행(諸行)이 무상(無常)하고 제법(諸法)이 무아(無我)인 줄 깨우치면 연도 법도 한낱 연기와 같은 것인즉 두려워하지도 의심하지도 말고 쉼 없이 가던 길 묵묵히 가면 되는 일이다.

외도(外道)가 달리 외도인가. 있지도 않은 길 만들어놓고 길이라고 하면 외도이고, 가지도 않고 머물면서 이 길로 가면 호랑이가 나오고 저 길로 가면 늑대가 숨어 있으니 여기서 함께 머물다가 때를 보아 같이 가자 하면 그 또한 외도인 것이다.

본래 정토(淨土)란 무색무취(無色無臭)하여 알 수가 없는데 무엇으로 얻을 수 있을까?

자성(自性)의 정토는 본래가 청정(淸淨)한데 따로 무엇을 얻겠다는 것인가. 만약에 얻을 것이 있다면 오염된 땅을 정토로 착각한 것에 불과하리니 잠시 잠깐 잘못 안 것쯤이야 바꾸면 되는 일이겠으나 그런 줄 알고 허송세월한다면 그것이 바로 연과(緣果)요, 경계까지 지어 흑백까지 나눈다면 법에 혹을 단 꼴이다.

석가모니부처님께서는 과거 연등불 처소에 계실 때에도 이미 불국토를 장엄(莊嚴)하고 계셨다. 그러므로 다시 정토를 장엄한다는 말은 잘못된 것이다. 왜냐하면 불국토 혹은 정토라는 것은 누구에 의해 만들어진 것이 아닌 본래부터 있는 것이기 때문이다. 굳이 우격을 쓰자면 불사(佛事)를 일으켜 절을 짓거나 행사를 위한 일에 쓰일 수는 있겠다. 하지만 이러한 것들은 길 가는데 잠시 쉬어가는 휴식처일 뿐 본래의 정토와는 상관없는 일이다.

또한 여래께서는 장엄정토분을 빌어 중생과 부처가 둘이 아님을 명확히 밝히고 있다. 만약 오랜 옛날에 석가여래께서 연등불 처소에서 법을 전수받으셨다면 분명 중생과 부처는 둘이었을 것이다. 따라서 수행은 중생의 업을 벗어나 부처가 되기 위한 과정이었을 것이며 돈오(頓悟)의 찰나는 점수(漸修)의 연(緣)을 위한 수단에 지나지 않았을 것이다.

수행에는 두 가지 길이 있다. 사람들은 그 길을 가리켜 도(道)라고 하는데 유람을 왔으면 정도(正道)인 것이고, 모르는 길 찾아 헤매면 외도(外道)인 것이다.

시고(是故)로 수보리(須菩提)야 제보살마하살(諸菩薩摩訶薩)이 응여시생청정심(應如是生淸淨心)이니 불응주색생심(不應住色生心)하며 불응주성향미촉법생심(不應住聲香味觸法生心)이니 응무소주(應無所住)하여 이생기심(而生其心)이니라 수보리(須菩提)야 비여유인(譬如有人)이 신여수미산왕(身如須彌山王)하면 어의운하(於意云何)오 시신(是身)이 위대부(爲大不)아 수보리언(須菩提言)하되 심대(甚大)니이다 세존(世尊)이시여 하이고(何以故)오 불설비신(佛說非身)이 시명대신(是名大身)이니이다

해설

그러므로 수보리야, 모든 보살마하살은 이와 같은 청정한 마음을 낼 줄 알아야 한다. 응당 형상에 집착하지 말아야 함은 물론 소리, 냄새, 맛, 느낌, 법에도 머무는 바 없는 마음을 내야 할 것이다. 수보리야, 비유하자면 어떤 이의 몸이 수미산왕만큼 크다면 어찌 생각하느냐, 그 몸이 크다 하겠느냐? 대단히 클 것입니다. 세존이시여, 왜냐하면 부처님께서는 몸 아닌 것을 가리켜 큰 몸이라 이름하기 때문입니다.

촌부풀이

그러므로 장엄 정토자로서의 대보살이라면 늘 맑고 깨끗한 마음을 지녀 육근(眼, 耳, 鼻, 舌, 身, 意)에 의한 육진(色, 聲, 香, 味, 觸, 法)의 미혹에 빠져서는 안 된다.

맑고 깨끗한 마음이란 무쟁(無諍)의 마음이다. 다툼이 없는 무쟁의 마음은 자신을 지극히 낮추는 하심(下心)이며, 미물조차도 업신여기지 않고 귀히 여기며 자비를 베풀되 차별을 두지 않는 평등심을 말한다. 또한 이런 마음을 잃지 않고 유지하려면 실천해야 할 덕목으로 응당 머무는 바 없는 마음을 내야 한다고 경전은 가르치고 있다.

머물지 않는 마음이란 집착하지 않는 마음이다. 세상에 저절로 보고 저절로 듣는 일은 없다. 비록 눈으로 보고 귀로 듣는다 하여도 마음이 응하지 않으면 보아도 본 것이 없고, 들어도 들은 것이 없으나 본 것과 들은 것이 마음에 맺혀 상을 지었다면 하찮은 것이라도 집착이 된다.

집착(執着)은 인(因)과 연(緣)을 만들고, 그 과보로 생(生)과 사(死)의 윤회(輪回)를 거듭하게 한다.

누가 살고, 누가 죽는 것이며, 누가 윤회하는 것인가? 집착에 의해 굳어버린 몸이다. 어떤 몸인가? 육진에 의한 오욕칠정의 감응이 마음에 맺히면서 물질화된 것을 말한다.

몸은 죽은 뒤에도 존재한다. 비록 물질의 형상은 산산이 흩어져 흙으로 돌아가지만 몸이 있을 때의 기억마저 사라지는 것은 아니다. 과학에서는 그 기억의 정체를 가리켜 기체(氣體) 혹은 에테르체라고 하는데 엄밀히 말하면 살아 있을 때 마음에 맺혀 있던 집착의 상(相)으로서 무의식 상태로 남아 있다.

이런 무의식의 남음을 업(業)이라고 하는데 환생의 인(因)으로 작용을 한다. 그런즉 윤회의 굴레를 벗어나기 위해서는 업의 소멸이 우선일 수밖에 없다. 하지만 이미 지워지지 않은 자국의 업상(業相)을 무슨 수로 깨끗하게 만들 것인가?

부처님은 깨끗하게 만드는 것이 아니라고 하였다. 불국토는 늘 정토(淨土)인지라 철심을 깊게 박은 것 같은 흔들리지 않는 믿음만 가지면 되는 일이라고 하였다. 본문에서 수미산왕만큼의 큰 몸이라 한 것은 집착의 정도가 상상을 초월할 만큼 허황되게 크다는 것인즉 착각이며 망념인 줄을 알아야 한다는 것이다.

이제 수미산왕만 한 큰 몸이 상상으로 만들어진 허상임을 알게 됐으니 걷혀진 안개 너머로 청정한 불국토가 보이는 것은 당연한 일이다. 연등불 시대에도 그러했고, 석가모니 시대에도 그러하며 후오백세 시대에도 그러하겠으나 수미산왕만 한 몸을 만들어 놓고 불국토를 찾는다면 연등불 시대에도 못 볼 것이며, 석가모니 시대에서 못 볼 것이고, 후오백세 시대에도 못 볼 것이다.

그러므로 의심하지 말아야 한다. 부처님께서 수미산왕만큼의 몸을 가진 사람이 있다고 말하면 의심치 말고 믿어야 한다. 다 중생 제도를 위한 방편으로 비유를 한 것이니 진심으로 믿고 따르면 어느 순간 굳게 닫혀 있던 혜안(慧眼)이 활짝 열리면서 그 이치를 지혜로써 깨달아 마침내 불성(佛性)을 보게 되리라.

토막

제자가 묻는다.

"어찌하면 부처를 볼 수 있습니까?"

"어찌하면 네놈을 보지 않을 수 있을까."

| 第11 |

무위복승분

無爲福勝分

수보리(須菩提)야 여항하중소유사수(如恒河中所有沙數)하여 여시사등항하(如是沙等恒河)를 어의운하(於意云何)오 시제항하사(是諸恒河沙) 영위다부(寧爲多不)아 수보리언(須菩提言)하되 심다(甚多)니이다 세존(世尊)이시여 단제항하(但諸恒河)도 상다무수(尙多無數)어든 하황기사(何況其沙)리이까

해설

수보리야, 항하에 펼쳐져 있는 모래만큼 그런 항하가 또 있다

면 너는 어찌 생각하느냐? 그 모든 항하의 펼쳐져 있는 모래가 얼마나 많겠느냐? 수보리가 말하되, 매우 많습니다. 세존이시여, 항하의 수만 해도 끝없이 많사온데 하물며 펼쳐진 모래야 어찌 다 하겠습니까.

촌부풀이

● 더 큰 무위(無爲)의 복(福)

제목에서 말하는 무위(無爲)의 복승(福勝)이란 무엇인가? 일체의 차별이 없는, 누구에게나 평등한 복을 말함이다. 만약 이 복의 크기가 항하의 모래 수만큼의 항하와 같다면 얼마나 많을 것인가.

상상조차 할 수 없을 만큼 많을 것이다. 그런데 문제는 무위와 복승의 관계다. 과연 이 두 단어가 어울리는 것일까? 첫 문장을 보면 부처님께서 항하에 펼쳐져 있는 모래 수만큼의 항하를 말씀하시며 많음에 관해 물어보셨다. 당연히 상상할 수 없을 만큼 많을 것이다. 부처님께서 이렇듯 빤한 것을 물어보신 데에는 속 깊은 뜻이 숨어 있을듯싶다.

무위란 절대적인 것이다. 많고 적음 따위로는 비교할 수가 없다. 때문에 유위(有爲)로서의 차별을 두어 복이라 하였고, 뒤에 이길 승(勝)자를 붙여 최고의 복임을 강조하였다. 부처님께서는 유위의 복, 그것도 복 중의 복을 빌어 무위법으로 공부하는 일이 얼마나 수승한 것인가를 말씀하시고 싶으셨던 것이다.

어떤 법인가? 우주 삼라만상이 법 아닌 게 없으니 법 하나만으로도 항하의 모래 수만큼이나 많을 것이다. 그러나 제법(諸法)이 오직 하나로부터 나온 것인즉 이를 모른 채 이 법 저 법을 좇으며 공부를 한다 하면 배움의 뜻은 가상하겠으나 어느 세월에 다 배울 것인가. 공부한 만큼의 박식함이야 있겠지만 복으로 치면 유위로서의 한계가 있을듯싶고, 공부의 결과 또한 보리(菩提)의 증득과는 거리가 먼 일이 될 것은 불 보듯 빤한 일일 것이다. 신분 또한 성자나 현인으로 존경받는 정도가 최고의 수준일 터인즉 무위법을 증득한 이와는 비교조차 되지 않는다.

그럼 무위를 통달함으로써 얻어지는 복승이란 무엇을 말함인가? 복승(福勝)의 승은 이겼다는 뜻이라기보다 '최고'의 의미로 보는 것이 더 가까울듯싶다. 아마도 이 세상에서 최고의 경지란 본래의 자리일 것이다. 우리나라 고대 민족 경전인 천부경(天符經)을 보면 하나가 둘을 낳고, 그 둘이 셋을 낳아 무진(無盡)을 이루었으나 근본은 변함이 없다 하였는즉 무위법으로 본래의 자리를 찾아 불성을 훤히 밝힌다면 그것이 곧 일체지(一切智)의 증득이자 복승이리라.

수보리(須菩提)야 아금(我今)에 실언(實言)으로 고여(告汝)하노니 약유선남자선여인(若有善男子善女人)이 이칠보(以七寶)로 만이소항하사수삼천대천세계(滿爾所恒河沙數三千大千世界)하여 이용보시(以用布施)하면 득복(得福)이 다부(多不)아 수보리언(須菩提言)하되 심다(甚多)니이다 세존(世尊)이시여 불고수보리(佛告須菩提)하되 약선남자선여인(若善男子善女人)이 어차경중(於此經中)에 내지수지사구게등(乃至受持四句揭等)하여 위타인설(爲他人說)하면 이차복덕(而此福德)이 승전복덕(勝前福德)하리라

해설

수보리야, 내가 지금 진실로 너에게 말하나니 만약에 선남자 선여인이 칠보를 가득히 채워가지고 항하의 모래 수만큼의 삼천 대천세계에 널리 보시한다면 얻는 복이 많겠는가? 수보리가 대답하기를 세존이시여, 대단히 많습니다. 그러자 부처님께서 수보리에게 말하기를 선남자선여인이 이 경 중에 사구게만이라도 지니고 외워서 남을 위해 가르침을 편다면 그 복덕이 칠보를 보시한 앞의 복덕보다 더 크고 수승하리라.

촌부풀이

항하의 모래 수만큼의 칠보를 보시한다 해도 그 복에는 한계가 있다. 왜냐하면 베푸는 대상인 물질은 그 성질의 한계로 인해 그 값 또한 영원하지 못하기 때문이다.

누군가는 이런 의문을 가질 것이다. 칠보는 광석이므로 인위적으로 부수지 않는 한 변할 까닭이 없는데 어찌 한계가 있다 할 것인가, 하겠으나 외딴 섬 무인도에서의 칠보는 한 조각 빵보다 못한 돌멩이에 불과할 뿐이다. 그러므로 보시를 한다 해도 모두에게 다 공평한 것은 아니다. 배고픈 자에게는 빵 한 조각의 보시가 적당하고, 추워서 벌벌 떨고 있는 자에게는 따뜻한 털옷이 안성맞춤이며, 병든 자에게는 그에 맞는 약이 필요한 법이다.

하지만 금강경의 사구게는 배고픈 자, 추위에 떨고 있는 자, 병든 자 모두에게 없어서는 안 될 법이다. 물론 사구게가 배고픔과 추위, 병을 이겨낼 수는 없으나 그 원인을 깨우쳐줌으로써 그 고통으로부터 영원히 벗어나게 해주니 어느 것이 더 귀하고 크다 할 것인가.

횡적으로 보자면 세상에 가장 귀한 것이 정성만 한 게 없다. 그중에서도 생명을 위한 정성만큼 큰 것이 없다. 하늘을 위한 정성은 인내만 있으면 되고, 땅을 위한 정성은 인내와 기다림이 필요하지만 생명을 위한 정성에는 인내와 기다림은 물론 오래 참음도 있어야 하기 때문이다.

이것을 다시 종(縱)으로 세우면 정성 중의 정성은 보시(布施)다. 베푸는 일에도 재물로 하는 보시는 인내만 있으면 된다. 하지만 용기와 희생이 따르는 무외시에는 인내와 기다림이 필요하고, 각성을 위한 법시에는 인내와 기다림은 물론 오래 참음도 있어야 한다. 경전을 만드는 데 돈이 필요하고, 경전을 지키는 데 힘이 필요하지만 경전을 배우고 익히는 데에는 정성스러운 마음이 따라야 한다.

소승이 유행할 그때 당시의 경전 공부는 특별한 신분과 지위를 지닌 이들만의 영역이어서 일반인들은 감히 다가설 엄두조차 내지 못했다. 이를 두고 부처님께서는 과연 불법을 닦고 배우는 일이 출가자만의 전유물인가를 보시의 공덕으로 묻는다. 과연 법시의 공덕이 수미산만 한 양의 칠보를 보시한 것보다 더 많은 것인가? 당연히 많을 것이다. 하지만 그것은 수보리의 생각이고 일반인들에게는 어리둥절할 수도 있는 일이다.

과연 법시의 공덕이 그 정도로 큰 것인가? 가르침에 있어 알아듣지 못한다 하여 외면하고, 배움에 있어 모르고 어렵다 하여 배우기를 멀리한다면 제아무리 불법을 베푼 공덕이 크고 귀하다 한들 무슨 소용이 있을까. 사람들이 칠보와 황금 귀한 줄을 아는 것도 서로 주거니 받거니 사고팔며 흥정하고 거래한 까닭인즉 그보다 더 귀한 법이라 해도 쓸모부터 알아야 가지려고 할 것이 아닌가.

복승(福勝)이 무엇인가? 세간에 법을 펼침이 복이요, 기쁜 마음으로 널리 나누어줌이 승이지 않을까.

토막

제자가 묻는다.

"상(相) 없는 마음이란 어떤 것입니까?"

"단추가 없는데 구멍은 있어 뭣 쓸꼬."

존중정교분

尊重正敎分

부차수보리(復次須菩提)야 수설시경(隨說是經)하되 내지사구게등
(乃至四句偈等)하면 당지차처(當知此처)는 일체세간천인아수라(一
切世間天人阿修羅) 개응공양(皆應供養)을 여불탑묘(如佛塔廟)어든 하
황유인진능수지독송(何況有人盡能受持讀誦)이리요 수보리(須菩提)
야 당지(當知)하라 시인(是人)은 성취최상제일희유지법(成就最上
第一希有之法)이니 약시경전소재지처(若是經典所在之處)는 즉위유
불(即爲有佛)과 약존중제자(若尊重弟子)니라

해설

  또한 수보리야, 금강경 가운데 사구게 하나만이라도 지니고 외워서 남을 위해 가르침을 펼친다면 그곳은 일체 세간의 천인, 아수라, 하늘과 사람 모두가 공양하기를 부처님 사리를 모셔놓은 탑과 절에 하듯이 해야 하는 줄을 알아야 한다. 더욱이 이 경을 다 독송함에 있어서야. 수보리야, 그 사람은 마땅히 제일의 높고 희유한 법을 성취한 줄 알아야 한다. 금강경이 있는 곳은 부처님이 계신 곳과 같고, 존경받는 제자들이 있는 곳과 같기 때문이다.

촌부풀이

● 바른 교법(敎法)의 존중

  어느 종교든 신 또는 성인의 말씀과 행적을 모아 기록한 책을 가리켜 경전이라고 한다. 힌두교의 베다와 우파니샤드, 유대교의 타나크, 기독교의 성경, 유교의 오경(五經), 이슬람교의 코란, 불교에서는 금강경, 화엄경, 반야심경 등 여러 경전이 있다.

  사실상 경전은 문화와 정신수양의 중심축을 담당하고 있을 뿐만 아니라 종교의 유지와 신앙으로서의 발전을 위해 매우 중요한 역할을 하고 있다. 평화로울 때는 감사와 찬양의 의식으로 널리 독송되었고, 전쟁 중에는 생명을 보호받기 위한 수단으로 암송되곤 하였다. 종교적 박해를 당했을 때에는 믿음의 상징물로 보관되었고, 환란이 있을 때에는 극복과 치유를 위한 주술로 쓰이고는 했다. 현대에 와서는 실제의 가치보다 기복(祈福) 신앙을 위한 일종의 의식과 주문 등으로 격하되어 있기는 하지만 시대와 종교를 막론하고 경전은 중생들의 교화를 위해 없어서는 안 될 것임에는 틀림이 없다.

불교의 진경(眞經)이라 할 수 있는 금강경은 대승(大乘)의 선리(禪理)를 일획으로 정리해놓은 경전으로 수행자들의 대오각성(大悟覺性)을 위한 지침서로 널리 보급되어 있다.

특히 금강경의 위력을 단적으로 표현하자면 경(經) 중의 사구게(四句偈)만이라도 읽고 외워서 타인을 위해 가르침을 펼친다고 했을 때, 그 가르침의 장소는 일체 세간의 하늘과 사람, 천인, 아수라가 기도하고 공양하는 절과 탑처럼 귀히 여긴다는 것이다. 하물며 금강경 전부를 다 읽고 외운 사람의 수준이야 말해 뭣할까. 그도 그럴 것이, 금강경이 있는 곳이 곧 부처님과 제자가 머무는 곳이나 다름이 없기 때문이다.

그러나 실제의 처지는 다르다. 말뿐이라는 것이다. 특히 현대에 와서 금강경은 예불 말미에 형식적으로 독송하는 수준에 그치고 있는 정도다. 금강경의 첫 장을 보면 법회를 열게 된 귀한 인연에 대해 말하고 있다.

부처님께서는 법문을 열기도 전에 실천을 통해 보살행을 직접 펼쳐 보이셨다. 스스로를 지극히 낮추시어 대접받기를 사양하시고 모든 대중과 더불어 제도에 맞게 탁발 공양을 하심으로써 인(因)과 연(緣)의 유혹을 단숨에 뛰어넘는 법력을 보여주신 것이다. 더욱이 각 분(分)마다 짧은 제목과 함께 법문의 요지를 밝혀줌으로써 무주(無住), 무상(無常)의 이치를 깨달아 무상정등정각심을 증득게 하는 길을 세세하게 열어주셨다. 그러나 각각의 아견(我見)으로 인한 숱한 종파만 나눠지고 있으니 과연 누구를 탓해야 하는 것일까.

교법을 중시하며 염불 정진하는 대중의 모습이 선방(禪房)의 스님들이 보기에 딱할 수도 있겠으나 교법 없이 어찌 일주문을 세울 것이며, 염불 없이 어찌 중생들을 불러 모을 것인가.

깊은 산속 인적 드문 곳에 가부좌 틀고 앉아 화두 들고 일념 정진하는 모습도 참 수행일 것이나 금강경 중 사구게 하나만이라도 지니고 외워서 중생 제도를 위해 가르침을 펼치고자 하는 보살의 마음부터 갖는 것이 먼저이지 않을까 싶다.

방편이라 하여 가볍게 여기며 경전을 외면하고 소홀히 하는 행위는 마치 법상(法相)에 걸려들까 집착하지 말랬더니 아예 무시해버리고 만 꼴이다. 비유하자면 비록 삼신(三身-법신, 보신, 화신)이 방편이기는 하나 보신(報身)의 뗏목과 화신(化身)의 사공 없이 뭍에서 기다리는 법신(法身)을 어찌 만날 수 있으리오.

토막

제자가 묻는다.

"환생할 수밖에 없는 까닭이 궁금합니다."

"누구냐? 넌?"

여법수지분

如法受持分

이시(爾時)에 수보리(須菩提) 백불언(白佛言)하되 세존(世尊)이시여 당하명차경(當何名此經)이며 아등(我等)이 운하봉지(云何奉持)이리까 불고수보리(佛告須菩提)하사대 시경(是經)은 명위금강반야바라밀(名爲金剛般若波羅蜜)이니 이시명자(以是名字)로 여당봉지(汝當奉持)니 소이자하(所以者何)오 수보리(須菩提)야 불설반야바라밀(佛說般若波羅蜜)은 즉비반야바라밀(卽非般若波羅蜜)이요 시명반야바라밀(是名般若波羅蜜)일새니라 수보리(須菩提)야 어의운하(於意云何)오 여래(如來) 유소설법부(有所說法不)아 수보리(須菩提) 백불언(白佛言)하되 세존(世尊)이시여 여래무소설(如來無所說)이니이다

해설

　그때에 수보리가 부처님께 아뢰기를 세존이시여, 이 경의 이름을 무엇이라 하오며 어떻게 받아 지녀야 하겠습니까? 하자, 세존께서 수보리에게 이르기를 이 경의 이름을 금강반야바라밀이라 하니 그렇게 알고 받아 지녀야 할 것이다. 왜 그런가 하면 수보리야, 내가 말한 반야바라밀이란 반야바라밀이 아니라 이름하여 반야바라밀이기 때문이다. 수보리야, 너는 어찌 생각하느냐? 여래가 법을 말한 바 있느냐? 수보리가 부처님께 아뢰기를 세존이시여, 여래께서는 말한 바가 없습니다.

촌부풀이

● 법으로 지니는 것에 관하여

　수보리가 경의 이름과 받아 지니는 것에 관해 묻자, 부처님께서는 금강반야바라밀이라 하면서도 이름뿐이라는 토를 달았다. 이는 배움에 있어 있는 그대로를 받아들이지 못하고 행여 아견(我見)을 내어 법상(法相)에 빠지는 것을 우려한 일종의 방지책인 셈이다.

　아는 것에도 두 가지 길이 있다. 하나는 귀로 들어 식(識)이 되는 것이 있고, 또 다른 하나는 혜안(慧眼)으로 보고 지혜로 얻는 것이 있다. 이처럼 똑같은 것을 듣고 보아도 결과가 딴판인 것은 오로지 마음 작용이 다르기 때문이다. 전자는 들은 것이 마음에 맺혀 분별의 상(相)을 이룬 경우고, 후자는 보기는 보았으나 마음에 집착하는 바가 없어 있는 그대로 전해진 것이다.

사실 선(禪)의 세계에서는 말이나 글이 필요치가 않다. 봄바람에 꽃가루 날리는 이치를 굳이 새기고 전할 까닭이 있을까. 하지만 법이 있기에 필요한 것이다. 겨울이 지나 봄이 오는 것은 자연의 흐름이지만 하루가 24시간이오, 일 년이 24절기인 것은 법이다.

우리에게 법이 필요한 것은 우선은 생멸(生滅)이 있고, 인(因)과 연(緣)의 과(果)가 따르는 세계 속에 살고 있기 때문이지만 이 세계의 굴레에서 탈출하는 방편 또한 법에 있기 때문이다. 그러므로 법의 심오한 이치를 깨우치지 못한 채 가부좌만 틀고 앉아 있으면 하릴없는 망부석만 될 뿐이다. 그런가 하면 선(禪)을 외면한 채 구복을 위해 마치 법경(法經) 대하기를 부적처럼 하면서 읽고 쓰기만을 반복한다면 이 또한 외도(外道)가 되는 것이다. 그런즉 함께 가야만 한다. 선은 법의 계율을 의지하여 더러움을 씻어내야 하고, 법은 선의 여여함을 따라 집착에서 벗어나 머무는 바 없어야 한다.

본문을 보면 부처님께서 수보리에게 묻기를 '법을 말한 바가 있느냐?'라고 한 것이나 수보리의 '말한 바 없다.'라고 한 대답이나 의미하는 바는 같다.

오랜 세월 법은 경전을 통해 전해져 내려왔다. 하지만 부처님께서는 말한 바 없다 하셨고, 수보리도 들은 바 없다고 하였다. 그럼 누가 말한 것이고, 누가 들은 것인가? 분명 부처님의 설법을 수보리가 들은 것임에도 말한 바 없고 들은 바 없다고 한 것은 인연의 함정에 빠져들지 않기 위한 방편인 셈이다. 만약 정말 들은 바가 없었다면 수보리는 결코 듣지 아니하였다,라고 말하지 못했을 것이다.

문득 영산회(靈山會)에서 부처님께서 연꽃 한 송이를 들어 대중에게 보이자 마하가섭만이 그 뜻을 알아차려 미소를 보였다는 염화파안(拈花破顏)의 이야기가 떠오른다.

모든 대중이 마하가섭과 같을 수만은 없는 노릇이다. 실상무상(實相無常)의 이치를 미묘법문(微妙法門)으로 전한 것은 인가를 위한 방편일 뿐, 알아차리지 못했다 하여 낙담할 일은 아니다. 법이 필요한 이들에게는 금강경을 받아 지녀 배움의 근본으로 삼으면 되는 일이고, 이미 깨우친 이라면 귀한 부처님의 말씀을 적어놓은 경이라 할지라도 미련 없이 버릴 줄 알아야 진정한 일불승(一佛乘)임을 가르치고 있다.

수보리(須菩提)야 어의운하(於意云何)오 삼천대천세계(三千大千世界) 소유미진(所有微塵)이 시위다부(是爲多不)아 수보리언(須菩提言)하되 심다(甚多)니이다 세존(世尊)이시여 수보리(須菩提)야 제미진(諸微塵)을 여래설비미진(如來說非微塵)일세 시명미진(是名微塵)이며 여래설세계(如來說世界)도 비세계(非世界)일세 시명세계(是名世界)니라

해설

수보리야, 어찌 생각하느냐? 삼천대천세계에 존재하는 티끌이 많다고 여기느냐? 수보리가 대답하되 세존이시여 매우 많습니다. 수보리야 여래는 모든 티끌을 티끌이라 여기지 않고 이름으로만 티끌이라 할 뿐이며, 여래가 말하는 세계 또한 세계가 아니고 이름으로만 세계일 따름이다.

촌부풀이

부처님께서는 경에 이어 이 세상의 모든 티끌까지도 이름만 티끌인 것이라고 하였다. 이름뿐인 것에 대한 경(법)의 비유만으

로는 부족한 것일까? 아니면 다른 의도가 있는 것일까?

혼돈(混沌)이란 말이 있다. 장자의 '응제왕' 편에서 나온 말로 무질서의 상태를 뜻한다. 반대는 당연히 질서일 테고, 그럼 경전과 선(禪)은 각각 어느 쪽일까? 굳이 나누자면 경전은 질서, 선은 무질서의 상태인듯싶다. 좀 더 정확하게 말해서 경전이 무질서를 질서로 만드는 법이라면 선은 반대로 질서를 무질서로 만드는 과정이지 않을까.

그렇다면 삼천대천세계에 펼쳐져 있는 티끌은 무엇일까? 질서이면서 무질서일 것이다. 왜냐하면 질서에서 무질서가 나오고, 무질서에서 질서를 보게 되기 때문이다. 그러므로 경 또한 법문이면서 법문이 아니고, 법문이 아닌 게 아니면서, 법문이 아닌 게 아닌 것이 아니다. 이 말은 질서일 수도 있고, 무질서일 수도 있으므로 이것이다 저것이다 정할 수가 없다. 다만 편리를 위해 이름 지어 부를 뿐이다. 진리를 음욕의 뿌리라고 한들 무슨 상관이 있으랴. 티끌을 법성(法性)이라고 한들 어찌 틀렸다 할 수 있을까. 하지만 오랜 세월 질서에 익숙해져 있는 세상과 사람들이 혼란을 겪을까 저어되어 이름을 달고 설명을 붙이는 것이니 보살행을 따로 찾을 까닭이 있을까.

그런데 의문이 있다. 법이면 다시 법이라고 하면 될 것을 굳이 법이 아닌 것이 아니라고 하는 까닭은 무엇인가? 길을 가다 보면 법은 이미 지나온 길이지만 법이 아닌 게 아닌 것은 지금 가고 있는 길이기 때문이다.

　우리나라 배달국 시대의 고대 경전인 천부경(天符經)을 보면 첫 문장에 일시무시일(一始無始一) 석삼극(析三極) 무진본(無盡本)이라고 적혀 있다. 풀이하자면 하나이지만 하나인 것도 아닌 하나가 셋으로 나뉘어져 끝없이 퍼져나가지만 근본은 사라지지 않는다는 뜻이다. 이것을 불법으로 비교하여 보면 하나는 법신(法身)일 테고, 셋으로 나누어졌다 함은 삼신(三身)의 법(法), 보(報), 화신(化身)이 무진(無盡)을 이루지만 근본이 되는 법성(法性)은 항상(恒常) 불변하는 것인즉 결국 진(眞)과 망(妄)은 둘이 아닌 것임을 말하고 있다.

　삼천대천세계의 티끌 또한 하나로부터 비롯된 망념의 흔적인 만큼 불성을 어디에서 찾을까. 번뇌가 번뇌인 줄 알면 일불승이오, 번뇌가 번뇌인 줄 모르면 티끌 수만큼의 중생인데 감나무 가지마다 열린 감들 보고 저마다 열렸다고 다른 이름 지어주랴. 다 가르쳐주기 위한 방편임을 알면 눈에 보이는 것마다 귀에 들리는 것마다 환상 아닌 것이 없고, 환청 아닌 것이 없다.

수보리(須菩提)야 어의운하(於意云何)오 가이삼십이상(可以三十二相)으로 견여래부(見如來不)아 불야(不也)니이다 세존(世尊)이시여 불가이삼십이상(不可以三十二相)으로 득견여래(得見如來)니 하이고(何以故)오 여래설(如來說) 삼십이상(三十二相)은 즉시비상(卽是非相)일세 시명삼십이상(是名三十二相)이니이다 수보리(須菩提)야 약유선남자선여인(若有善男子善女人)이 이항하사등신명(以恒河沙等身命)으로 보시(布施)하고 약부유인(若復有人)이 어차경중(於此經中)에 내지사구게등(乃持四句偈等)하여 위타인설(爲他人說)하면 기복(其福)이 심다(甚多)니라

해설

수보리야, 어찌 생각하느냐? 32상으로 여래를 볼 수 있느냐? 아닙니다. 세존이시여, 32상으로는 여래를 볼 수가 없습니다. 왜냐하면 여래께서 말씀하신 32상은 진상(眞相)이 아닌 이름뿐인 32상이기 때문입니다. 수보리야, 만일에 선남자선여인이 항하의 모래 수만큼의 목숨을 바쳐 보시를 한다 해도 어떤 사람이 경중에 사구게만이라도 받아 지녀서 남에게 가르침을 편다면 그 복이 앞의 복보다 심히 많으리라.

촌부풀이

부처님의 삼십이상이란 한 치의 어긋남이 없는 완벽한 신상(身相)이다. 그러나 신상으로는 여래를 볼 수 없다고 하였다. 왜냐하면 제아무리 완벽하다 해도 인연에 따른 생멸(生滅)의 상(相)이 남아 있기 때문이다. 즉 몸이라는 것은 유리처럼 맑고 투명하다 해도 유상(有相)의 한계가 있음이다.

삼십이상이란 무엇인가? 법성(法性)의 물리적 모습이다. 즉 화신(化身)이라는 것이다.

물론 여래의 완전한 형상에는 잘못된 것이 없다. 하지만 상(相)이라고 했기에 법신(法身)으로는 비껴간 것이다. 따라서 법신을 보조하는 방편으로서의 역할은 가능하겠으나 진여(眞如)의 동등한 지위는 얻기 힘들다.

법신이 되려면 유상(有相)도 무상(無相)도 아니어야 한다. 무상(無常)으로 공(空)을 이루었으면 되는 일이 아닐까 싶다마는 없음의 무(無)라고 하는 순간 있음의 유(有)가 의식되므로 온전한 공일 수가 없다. 그렇다고 비상(非相)이어도 안 되고, 비비상(非非相)이어도 안 된다. 어차피 상을 내뱉는 순간 법신의 청정함을 잃어버렸기 때문이다. 차라리 미소로 답하는 게 나을 것이다. 하지만 보살행으로 지혜를 얻어 그 이치를 깨우쳤으면 잠꼬대로 떠벌린다 해도 상관이 없고, 미치광이처럼 지껄인다 해도 상관없는 일이다.

32상의 화신(化身)만으로 보시(布施)한 것은 목숨으로 자비를 베풀었다 해도 경(經) 중에 사구게 하나 정도라도 수지하여 깨우치는 공덕보다 못하다. 왜냐하면 목숨의 상(相)이 남은 때문이다. 어떤 상황이든 죽었으면 죽인 사람이 있을 테고, 스스로 죽었다 해도 죽을 수밖에 없는 이유가 있을 터인즉 인연에 의한 생멸의 업은 남아 있게 마련이어서 정의나 타인을 위해 대신 희생을 했다 하여도 복을 짓고 덕을 쌓는 일일 뿐 경의 사구게만이라도 수지 각성하여 불성을 보고 보리(菩提)를 증득하는 것과는 비교할 바가 못 된다.

엄밀히 말해 32상의 화신(化身)은 초심자와 입문자를 위한 물상(物像)이다. 그러므로 법신을 본 뒤에는 철로 만들었으면 녹여버려야 하고, 나무로 만들었으면 태워버리는 것이 마땅하나 그렇다고 하여 허공을 보고 참배하고, 공양할 수는 없지 않은가.

또한 비록 법신을 보았다 해도 무상정등정각심을 증득하기 까지는 무르익을 시간이 필요한 것인즉 기다림에 지쳐 헤매고 있을 때의 몸과 마음은 무엇으로 잡을 것인가. 사구게만이라도 지니고 외워서 타인을 위해 가르쳐준다면 이보다 더 큰 복은 없을 텐데 묵언이 제일이라 하여 입 다물고 있으면 밥은 어디로 넣을까.

누군가는 불성을 보았는데 다시 무상정등정각심을 증득해야 한다면 결국 불성을 보지 못한 것이 아닐까 반문하지만 촌부의 경험으로는 이 둘은 다른 문제인듯싶다. 비유하자면 태양을 보앉다 해도 구름에 가려지면 볼 수가 없는 법, 늘 태양을 볼 수 있도록 혜안을 열어 지혜의 바람으로 구름 걷어내는 일이 무상정등정각심의 참다운 보리행일 것이다.

혹자는 증득을 하였으면 피안의 언덕을 넘은 것이라고 하지만 과연 누구로부터 증명을 받아 그렇게 말하는지 모를 일이다. 그저 촌부는 여래의 법로(法路)를 따라가다 보면 오랜 옛 동무라도 만나지 않을까 소망해보는 것이 고작이다.

그런데 법로란 무엇일까? 유행에 맞게 옷을 맞출 필요까지야 없겠으나 자라는 키에 맞게는 입어야 하지 않을까. 훗날 노망이 들어 발가벗고도 옷 입었다 하며 설치기 전에 사구게만이라도 부지런히 외워 중얼거려야겠다. 쥐라도 듣지 않을까.

토막

제자가 묻는다.

"도는 닦는 겁니까?"

"개는 짖는 것인가?"

이상적멸분

離相寂滅分

이시(爾時)에 수보리(須菩提) 문설시경(聞說是經)하고 심해의취(深解義趣)하여 체루비읍(涕淚悲泣)하며 이백불언(而白佛言)하되 희유세존(希有世尊)이시여 불설여시심심경전(佛說如是甚深經典)은 아종석래소득혜안(我從如來所得慧眼)으로 미증득문여시지경(未曾得聞如是之經)이니이다 세존(世尊)이시여 약부유인(若復有人)이 득문시경(得聞是經)하고 신심청정(信心淸淨)하면 즉생실상(卽生實相)하오니 당지시인(當知是人)은 성취제일희유공덕(成就第一希有功德)이니이다

해설

　그때에 수보리가 금강경 설법을 듣고 그 뜻을 깊이 깨달은 뒤 슬피 울며 부처님께 아뢰었다. 희유합니다. 세존이시여, 부처님께서 설법하신 깊은 법을 제가 옛적부터 닦아온 혜안으로는 일찍이 들어본 바가 없나이다. 세존이시여, 만약에 어떤 사람이 이 경을 얻어듣고 신심이 깨끗하고 맑아지면 참다운 모습이 나타날 것인즉 그 사람은 제일 희유한 공덕을 성취한 자인 줄로 알겠습니다.

촌부풀이

● 상(相)을 떠나 얻은 적멸(寂滅)

　이상적멸(離相寂滅)을 방해하는 것에 두 가지 장애(障礙)가 있다. 번뇌장(煩惱障)과 소지장(所知障)이다. 번뇌장은 한마디로 선천적 장애다. 탐욕, 성냄, 어리석음으로 인해 일으켜지는 운명적 장애다. 반면 소지장은 앎으로 인해 발생되는 인위적 장애를 말함인데 대표적인 것이 교만심이다.

　수보리는 모두가 존경하는 선현이자 장로다. 그는 이미 번뇌의 유혹에서 벗어나 아라한과를 증득한 성문승이다. 그러므로 어지간한 설법으로 그를 감동시키기는 어려운 일일 것이다. 하지만 수보리는 너무나 감격한 나머지 슬피 울기까지 했다. 미처 모르고 있던 장애가 무너져 내리는 순간이다. 아마도 식(識)의 소지장이 무너진듯싶다.

불교 유식론(唯識論)을 보면 삼성(三性)이라는 것이 있다. 변계소집성(遍計所執性), 의타기성(依他起性), 원성실성(圓成實性)을 말함인데 수행자가 반드시 알아야 할 세 가지 교의이다. 변계소집성은 상상을 의미하고, 의타기성은 의존 또는 상징, 원성실성은 현실을 가리킨다. 이것들은 유위와 무위, 다시 유루와 무루로 나눠지면서 식(識)으로 정리가 된다.

요약하자면 변계소집성이 중생의 단계에서 일어날 수 있는 유위유루(有爲有漏)의 혼란이라면 의타기성은 출가자의 수준에서 범하는 유위무루(有爲無漏)인 셈이고, 원성실성은 부처의 세계에서나 볼 수 있는 원통의 무위무루(無爲無漏)의 단계다. 수보리의 경우 원성실성에 가까운 매우 수승한 수행력을 갖추었기는 했으나 부처가 되기까지 약간의 장애가 남아 있다가 여래의 설법을 듣고 단숨에 깨우쳤으니 어찌 기쁘지 아니할까. 통곡을 한다 해도 부끄러울 게 없으리라.

이제 수보리는 일승(一乘)의 법을 증득한 것이다. 잠깐 사이겠지만 덧없이 흘러버린 허망한 세월이 주마등 스치듯 지나쳤을 테고, 이제라도 깨우친 것에 대한 환희로 치솟아 오르는 감격을 감출 수가 없었을 것이다. 그러므로 고백하기를 부처님의 설법을 듣고 깨우침을 얻어 청정한 신심을 이룬 자를 가리켜 스스로 성취제일희유공덕(成就第一希有功德)이라 한 것이다. 이 세상에 나보다 더 복을 가진 사람이 어디 있으랴!

세존(世尊)이시여 시실상자(是實相者)는 즉시비상(卽是非相)일세시고(是故)로 여래설명실상(如來說名實相)이니이다 세존(世尊)이시여 아금득문여시경전(我今得聞如是經典)하고 신해수지(信解受持)는 부족위난(不足爲難)이어니와 약당래세(若當來世) 후오백세(後五百歲)에 기유중생(其有衆生)이 득문시경(得聞是經)하고 신해수지(信解受持)하면 시인(是人)은 즉위제일희유(卽爲第一希有)이니다

해설

세존이시여, 실상이란 것은 실은 상이 아니어서 여래께서 실상이라 이름하신 겁니다. 세존이시여, 제가 이와 같은 경전을 얻어듣고 이해하여 믿음으로 받아 지니는 것은 어려운 일이 아니지만 만약에 후오백세에도 어떤 중생이 믿음으로 얻어듣고 이해

하여 받아 지닌다면 그 사람은 제일 희유한 사람이겠습니다.

촌부풀이

만약 어느 이가 아무도 모르는 곳에 돈을 감추었다가 그런 사실을 까맣게 잊어버렸다면 그 돈은 있는 것인가? 없는 것인가?

그 사람한테는 없는 것이겠으나 전체로 보면 있는 것이다. 그럼 없는 것이 실상인가? 있는 것이 실상인가? 있어도 실상이고, 없어도 실상이다. 왜냐하면 모든 것이 공(空)하므로 있어도 있는 것이 아니고, 없어도 없는 것이 아니기 때문이다. 또한 불공(不空)이므로 없어도 없는 것이 아니고, 있어도 있는 것이 아니기 때문이다.

그런데 부처님께서 굳이 실상이라고 한 까닭은 무엇인가?

마음이 그렇다는 것이다. 마음이 청정하면 그 즉시로 법의 이치를 깨우쳐 불(佛)을 성취할 수 있지만 조금이라도 마음이 혼탁해지면 보고 들어도 아리송하기만 할 뿐이니 실(實)은 손바닥이요 상(相)은 손등인 셈이다.

경의 법문이 실상으로 나타나려면 굳은 신심이 필요한 것도 이 때문이다. 조금이라도 의심을 품으면 실상은 감쪽같이 숨어버린다. 하지만 의심의 때를 벗고 신심의 청정함을 유지하고 있으면 오랜 세월이 지나도 경은 참다운 진법인 것이다.

　황금을 빛나게 하는 것은 황금인 줄 알아보는 사람이 있기 때문이듯이 경의 법문이 진상묘체(眞相妙體)인 것은 어느 때이건 신심이 돈독한 보살이 있기 때문이다. 그런데 수보리한테는 경을 믿는 일이 어렵지 않다고 하였으니 신심이 경을 알아보기 쉽게 만든 것인가? 아니면 수보리의 능력이 그렇다는 것인가?

　토설하자면 촌부의 눈에 경은 어렵고 어렵기만 하다. 입에 단내가 나도록 읽어도 어렵고, 해설서의 도움을 받아 주야를 가리지 않고 읽어도 어렵다. 지금까지도 잘못 이해하여 헛다리 짚을 때가 다반사니 어느 땐 경의 어려움을 탓하다가도 또 어느 땐 신심이 부족한 탓일지도 모른다는 마음이 든다.

　수보리는 말하기를 말법시대에 이 경을 믿음으로 보고 듣고 이해하는 이가 있으면 제일 희유한 사람이라고 하였다.

　그만큼 믿는 사람이 없다는 뜻일까? 어차피 금강경의 법문은 그 하나하나마다 무주(無住) 무상(無常)의 이치를 밝히고 있어 무상정등정각의 일념으로 자비희사(慈悲喜捨)의 보살행을 실천하면 되는 일이다. 더욱이 일체지(一切智)를 성취할 수 있는 묘법(妙法)으로 가득 차 있어 말세에 이르렀다 해도 달라질 것은 없다. 하지만 경에도 방편의 한계가 있고, 더욱이 부처님도 안 계신 세상에서 무소의 뿔처럼 혼자 가는 것은 마치 어둠 속의 절벽 사이를 건널 때처럼 언제 어떤 위험이 닥칠지 모를 일이다. 그럼에도 한 치의 흔들림 없이 믿음을 지키는 자가 있다는 것은 참으로 보기 드문 일이라 할 것이다. 그러나 혜안으로 보면 아무것도 아니다. 그 이유는 다음과 같다.

하이고(何以故)오 차인(此人)은 무아상(無我相) 무인상(無人相) 무중생상(無衆生相) 무수자상(無壽者相)이니 소이자하(所以者何)오 아상(我相)이 즉시비상(即是非相)이면 인상중생상수자상(人相衆生相壽者相)이 즉시비상(即是非相)이니 하이고(何以故)오 이일체제상(離一切諸相)이 즉명제불(即名諸佛)일새니이다 불고수보리(佛告須菩提)하되 여시여시(如是如是)하니라 약유부인(若復有人)이 득문시경(得聞是經)하고 불경불포불외(不驚不怖不畏)하면 당지시인(當知是人)은 심위희유(甚爲希有)니라

해설

왜냐하면 이 사람은 사상이 없기 때문입니다. 어찌 그런가 하면 아상이 상이 아니고, 인상중생상수자상 또한 상이 아닌 까닭입니다. 따라서 일체의 상(관념)을 여읜 자라야 부처라 부를 수 있

습니다. 이에 부처님께서 수보리에게 이르시기를, 그렇고 그렇다! 만약에 어떤 이가 이 경을 듣고 놀라거나 무서워하거나 두려워하지 않는다면 그 사람은 참으로 희유한 사람인 줄 알아야 한다.

촌부풀이

실상의 이치를 깨우친 사람에게는 아상(我相)도 없고, 인상중생상수자상(人相衆生相壽者相)도 없기 때문이다.

4상이란 무엇인가? 집착함으로써 분별되어진 망념의 상으로 여기에는 유위(有爲)의 차별과 생멸(生滅)의 장단이 있으며 윤회(輪回)의 인연과 인과가 있다. 그러나 절대 이치로써의 실상을 증득한 자는 모든 집착을 여읜 탓에 부처라 이름하여도 마땅한 것이다. 비록 세월이 흘러 말법시대에 접어들어도 굳센 믿음과 청정한 지혜로 금강반야밀경을 수지 독송하는 이가 있음은 곧 법신이 항상 우리와 함께 계신 까닭이다.

행여 이 말의 뜻을 오해하여 '나'와 부처가 접신(接神)의 형태로 함께하는 것인 줄 잘못 알까 염려되어 재차 설명을 보태자면 신심(信心)의 뿌리는 언제나 일승(一乘)이므로 때와 장소를 막론하고 믿음을 갖는 순간 '나'와 부처는 응신(應身)으로써 하나가 되는 것이다. 그런 까닭에 부처님께서 열반하시기 전이나 열반하신 뒤 후

오백세가 지난 지금이나 믿음의 순도에는 아무런 변화가 없다.

하지만 그런 믿음을 가진 사람은 보기 드물다 하였다. 어떤 믿음인가 하면 불경불포불외(不驚不怖不畏)라 하여 이 경을 듣고도 놀라거나 무서워하거나 두려워하지 않을 정도의 사람이다. 이것은 말세의 신심(信心)을 표현한 말일 수도 있지만 어느 때를 막론하고 이 정도의 수승한 근기를 갖는다는 게 결코 쉬운 일이 아님을 보여주는 것이기도 하다.

사실 중요한 것은 부처님의 '여시여시(如是如是)'다. 무엇이 늘 같고 옳은 것인가? 실상과 무주상(無住相)의 뜻이 같고, 무주상과 부처의 비유가 옳다는 것이다. 때문에 그렇고 그렇다, 라고 한 것이다.

하이고(何以故)오 수보리(須菩提)야 여래설제일바라밀(如來說第一波羅蜜)은 즉비제일바라밀(即非第一波羅蜜)이요 시명제일바라밀(是名第一波羅蜜)일새니라 수보리(須菩提)야 인욕바라밀(忍辱波羅蜜)도 여래설비인욕바라밀(如來說非忍辱波羅蜜)이요 시명인욕바라밀(是名忍辱波羅蜜)이니 하이고(何以故)오 수보리(須菩提)야 여아석위가리왕(如我昔爲歌利王)에 할절신체(割截身體)로되 아어이시(我於爾時)에 무아상(無我相) 무인상(無人相) 무중생상(無衆生相) 무수자상

(無壽者相)하니 하이고(何以故)오 아어왕석절절지해시(我於往昔節節支解時)에 약유아상인상중생상수자상(若有我相人相衆生相壽者相)이면 응생진한(應生嗔恨)일새니라

해설

왜냐하면 수보리야, 여래가 말하는 제일바라밀이 곧 제일바라밀이 아니라 제일바라밀이라고 말할 따름이다. 수보리야, 여래가 말하는 인욕바라밀도 실은 인욕바라밀이 아니고 인욕바라밀이라 말할 따름이다. 왜 그런가 하면 수보리야, 여래가 과거 전생에 가리왕에게 사지가 절단당하는 고통을 받았으나 사상이 없었느니라. 만약 사지가 절단당하는 고통을 받을 때에 여래에게 사상이 있었다면 분명 화를 내고 분노하였을 것이다.

촌부풀이

여래께서 말씀하시기를 불경불포불외의 사람을 가리켜 제일바라밀이라 했으니 바라밀 중 으뜸을 가리키는 것인가?

그렇다. 사실상 바라밀(波羅蜜)이라는 것이 가르침을 위한 방편

상의 차례는 있을지 몰라도 유위로서의 차별은 없기 때문이다. 하지만 놀라거나 무서워하거나 두려워하지 않는 믿음은 으뜸 중의 으뜸이다. 더욱이 그런 믿음의 소유자를 가리켜 희유하다 하였으니 오랜 인욕(忍辱)의 세월을 견디어야만이 얻을 수 있는 최상의 근기자임을 간접적으로 표현하고 있다.

다음으로 여래께서는 인욕바라밀에 대해 말씀하시기를, 인욕은 발광지(發光地)의 세계를 의미하며, 모진 고통과 괴로움을 벗어나 빛의 세계로의 입성을 위한 과정이라고 하였다. 인욕에는 몸의 고통만 있는 것이 아니다. 마음의 번뇌와 집착으로부터 벗어나기 위한 인내 또한 인욕이다. 그 옛날 여래께서 가리왕 시대 때의 삶에서 사지가 절단당하는 고통까지 겪으셨으면서도 화를 내고 분노하지 않으셨던 일화 또한 인욕의 체험을 대신하기에 충분한 예(例)가 아닐까 싶다.

또한 여래는 인욕을 감내할 수 있었던 원인으로 사상(四相)이 없었기에 가능한 일이었음을 말하고 있다. 아상(我相)이 없으니 고통을 고통으로 느낄 까닭이 없고, 인상(人相)이 없으니 누구한테 화를 내고 분노할 것인가. 또한 중생상(衆生相)이 없으니 왜 고통을 받는지 알아야 이유가 없고, 수자상(壽者相)이 없으니 이미 생멸(生滅)의 단계를 넘어섰는데 죽음이 온다 한들 어찌 슬프고 괴로울 리 있을까. 더욱이 그 당시에는 사상(四相)이 없었던 만큼 만약에 상(相)이 있었다면 스스로 사상이 없다, 라고 말씀하시지 않았을 뿐더러 이미 감정과 분별을 일으켰을 것이다.

육바라밀(六波羅蜜) 중에서 보시(布施), 지계(持戒), 인욕(忍辱)바라밀은 세간바라밀이라 하여 몸의 업장을 소멸하기 위한 닦음이라면 정진(精進), 선정(禪定), 지혜(智慧)는 출세간바라밀이라 하여 마음의 상(相)을 벗어나기 위한 각성(覺性)의 과정이다.

몸과 마음 중에 어느 것이 닦기가 더 힘든지 물으면 사람들은 십중팔구 마음이라고 답한다. 하지만 똑같다. 왜냐하면 마음의 상(相)이 굳어지면 몸의 상(像)이 되기 때문이다. 그러므로 마음의 상이 소멸되면 몸의 상은 만들어질 수가 없기에 몸의 업장 또한 소멸될 수밖에 없고, 몸의 업(業)이 사라져버리면 마음의 상 또한 집착할 곳을 잃어 함께 사라져버린다.

하지만 온전한 하나를 이루기 전까지는 몸과 마음 둘 다를 닦아야 한다. 생각해보라. 물건을 들 때 한 손만을 사용한다면 얼마나 더디고 힘들 것인가. 또한 먼 길을 가는데 외발로만 간다면 얼마나 더디고 힘들 것인가. 비록 둘이 아닌 하나라고는 하지만 보이는 모양새가 둘이면 둘 다를 씀이 지혜롭지 않을까. 다르게 비유하자면 뭍에 닿으면 버리고 갈 뗏목이지만 강을 건너기까지는 없어서는 안 될 뗏목인 것이 하나요, 노 저을 사공도 필요하니 둘이다. 그래서 쌍수인 것이다.

그럼 어떻게 하는 것이 쌍수(雙修)를 이루는 공부인가?

법신(法身)을 기둥으로 하여 보신(報身)과 화신(化身)을 양옆에 두고 삼신(三身)으로 닦아야 한다. 즉 쌍수란 두 가지의 방편을 써서 닦아야 한다는 뜻이다. 하나는 음양(陰陽)의 오묘한 비책으로 혜명(慧命)을 얻어 몸의 경계를 허무는 것이오, 다른 하나는 꾸준히 내면을 관찰하여 불성(佛性)을 봄으로써 마음의 상이 성(性)의 이치에 계합하여 영구불변하게 되는 것이다.

그렇다고 성명쌍수의 묘법만이 전부인 것은 결코 아니다. 쌍수로 닦아도 육바라밀의 과정을 온전하게 닦지 않으면 아는 것(식–識)만을 앞세운 한낱 구두선(口頭禪)에 불과할 뿐이다. 따라서 제대로 된 수행이란 성명쌍수(性命雙修)를 기틀로 하여 정혜쌍수(定慧雙修)를 이루는 것이 하나요, 무상정등정각심을 발현하여 육바라밀의 과정을 온전하게 닦아 대보살행을 성취하는 것이 또 다른 쌍수의 묘법(妙法)인 것이다. 따라서 어느 것이든 쌍수의 묘법으로 닦아나가면 옆길로 새지 않고 정확한 길을 갈 수가 있다.

육바라밀 또한 쌍수의 묘법으로 닦아나가면 어려운 난관을 이겨내는 힘과 지혜를 얻을 수가 있다. 육바라밀 중에 제일 힘든 단계가 인욕바라밀이다. 강물로 비유하면 가장 거칠고 험한 물줄기인 셈이다. 억겁의 세월을 거치면서 수많은 뗏목들이 이 과정을 이겨내지 못한 채 난파되고 침몰하였다.

인욕의 급류를 무사히 헤쳐나가려면 무엇보다 뗏목을 단단하게 묶어 고정시켜야 하고, 다음으로 중요한 것이 뗏목을 조종하는 사공이다. 둘 중에 단단하게 고정시킨 뗏목을 신심(信心)이라고 하면 사공은 부처님의 법문을 적어놓은 경(經)일 것이다.

경은 인욕행의 완성을 위한 방편으로 무집착(無執着)과 무주상(無住相)을 말하고 있다. 석가모니부처님께서 위대한 분이라서 인욕바라밀을 견딘 것이 아니다. 부처님은 일체가 다 공(空)하고 공(空)하여 실은 참아낼 것이 없다. 그러므로 이름으로만 인욕바라밀이라고 한 것이다. 누구든 지혜로써 실상(實相)을 보고 사상(四相)의 집착에서 벗어나 불성(佛性)을 취하면 인욕의 과정은 형식적인 교학의 방편에 불과할 뿐이다.

수행자에게만 인욕바라밀행이 있는 것은 아니다. 누구든 인욕의 행은 필요하다. 이것은 삶 속에 녹아 있는 인욕이 되어야 한다는 뜻이다. 인욕행의 성공은 평등심(平等心)과 무쟁심(無諍心)에 달려 있다. 남의 허물을 탓하지 말아야 하고, 비교해서도 안 된다. 억울하게 욕을 먹어도 시비를 벌여서도 안 되며 참는다는 마음조차 가져서도 안 된다.

수보리(須菩提)야 우념과거(又念過去) 어오백세(於五百世)에 작인욕선인(作忍辱仙人)하여 어이소세(於爾所世)에 무아상(無我相)하며 무인상(無人相)하며 무중생상(無衆生相)하며 무수자상(無壽者相)이니라 시고(是故)로 수보리(須菩提)야 보살응리일체상(菩薩應離一切相)하고 발아뇩다라삼먁삼보리심(發阿耨多羅三藐三菩提心)하되 불응주색(不應住色)하고 생심(生心)하며 불응주성향미촉법(不應住聲香味觸法)하고 생심(生心)하여 응생무소주심(應生無所住心)이니라 약심유주(若心有住)하면 즉위비주(卽爲非住)니 시고(是故)로 불설보살심(佛說菩薩心)은 불응주색보시(不應住色布施)라하니라

해설

수보리야, 여래가 과거 오백 년 동안 인욕선인이었을 때를 돌이켜보면 그때에도 여래에게는 사상이 없었노라. 그러므로 수보리야, 보살은 응당 일체 상을 여의고 아뇩다라삼먁삼보리심을 일으켜야 하나니 형상에 안주하지 말고 마음을 내야 하고, 소리, 냄새, 맛, 느낌, 법에도 응하지 말고 마음을 낼 것이며, 응당 머무는 바 없는 마음을 내면 만약에 머무는 마음이 있다 해도 머무는 것이 아니다. 그런즉 부처님께서 말씀하시기를 보살이라면 마땅히 형상에 안주하지 말고 보시해야 한다 하셨다.

촌부풀이

여래께서 인욕선인으로 산 세월이 오백 년이었다 하니 그 인내의 세월이 길고 험난했을 것이다. 모름지기 범부의 삶이었다면 백 분의 일조차도 견디지 못했을 테지만 여래는 아무런 문제가 되지 않는다. 왜냐하면 사상(四相)이 없기 때문이다.

상이란 무엇인가? 집착에 의한 분별 작용이다. 그러므로 집착을 벗어나면 모든 장애는 안개 걷히듯 사라져버린다. 일체의 장애가 사라져버리면 오백 년 세월이 흘렀다 해도 낮잠 한 번 잔 것과 다름이 없다. 마음이 공(空)하고 공(空)하여서 번뇌와 육진(六塵)의 침략이 굴뚝에서 피어오르는 연기와도 같은데 세월을 등에 업고 살았다 한들 눈 한번 감았다 뜬 것과 다를 바 있을까.

하지만 상(相)을 벗어나는 것은 결코 쉬운 일이 아니다. 무상정등정각심을 일으켜 일심으로 정진해야 한다. 운이 좋아 무소주심(無所住心)을 증득했다 하여도 중생의 고통을 외면한다면 상을 벗어난 것이 아니다. 진정한 무상정등정각의 증득은 하심(下心)을 통한 무심(無心)으로 평등심(平等心)을 일으켜, 정법(正法)으로 정각(正覺)을 얻어 지혜를 베푸는 것이다. 이것이야말로 바로 여래가 누누이 말씀하신 대승보살자비행(大乘菩薩慈悲行)인 것이다.

청정함은 텅 빈 마음이오, 그 마음에 육진의 때가 끼어 더러워지면 상(相)이 되는 것이다. 비유하자면 맑고 청정한 하늘이 텅 빈 마음이라면 구름 낀 하늘은 상이자 집착으로 얼룩진 마음이다.

자, 어찌하면 얼룩진 마음을 말끔히 지울 수 있을까? 구름은 마치 낙엽과도 같아 마당을 비질한다 해도 바람 한번 불어오면 흩날리게끔 되어 있다. 그런즉 본래 그런 것이다. 하늘은 하늘이고 구름은 구름이라는 것이다. 하지만 집착을 하면 구름 낀 하늘이 되어 상이 되고 업이 되어버린다.

상(相)은 색(色)으로써 드러난다. 색(色)의 바탕은 본래부터 혼탁하다. 성(聲), 향(香), 미(味), 촉(觸), 법(法) 또한 마찬가지다. 왜냐하면 물질을 이루는 색, 수, 상, 행, 식(色, 受, 想, 行, 識)의 오온(五蘊)을 일으키기 때문이다. 이것들은 모양이 다른 낙엽과도 같다. 따라서 응생무소주심(應生無所住心)하여 내버려두면 알아서 사라질 것들이다. 응당 머무는 바 없는 마음을 내는 것인즉 이른바 무심(無心)이다.

무심을 이루면 낙엽이 뒹군다 해도 문제될 것이 없다. 왜냐하면 이미 내 것도 없고, 나를 상대할 것도 없으니, 누가 나를 괴롭힐 것이며, 누가 나를 죽일 수 있을까.

색(色)이란 무엇인가? 보고, 듣고. 맛보고, 느끼고, 생각하는 모든 것의 물리적 총칭이다. 그러므로 누가 사는 것인가 하면 색이다. 일명 '나'라고 하는 자아(自我)의 본질이 곧 색이다.

그럼 색은 무엇으로 이루어졌는가? 번뇌와 집착의 조각들이다. 이것들이 인연의 그물에 걸려 온갖 종류의 물고기가 된다.

그물은 상(相)이고, 물고기는 인과(因果)의 물리적 형상이다.

　자, 물고기를 잡아 배를 채우랴, 그물을 찢고 불성(佛性)을 보랴.

> 수보리(須菩提)야 보살(菩薩)이 위(爲) 이익일체중생(利益一切衆生)
> 하여 응여보시(應如布施)니 여래설일체제상(如來說一切諸相)은 즉
> 시비상(即是非相)이며 우설일체중생(又說一切衆生)은 즉비중생(即
> 非衆生)이니라 수보리(須菩提)야 여래(如來)는 시진어자(是眞語者)며
> 실어자(實語者)며 불광어자(不誑語者)며 불이어자(不異語者)니라

해설

　수보리야, 보살은 일체 중생을 이롭게 하기 위해 이와 같이 보
시해야 한다. 여래께서 말씀하신 일체 제상은 상이 아니며 일체
중생도 중생이 아닌 줄 알아야 한다. 수보리야, 여래는 진리만
말하고, 진실만 말하며, 거짓을 말하지 않으며, 다른 말을 하지
않나니.

촌부풀이

보살의 참된 보시란 식(識-앎)에 안주하지 않은 보시어야 마땅할 것이다. 재시(財施)도 중요하겠으나 그것은 일시적 안정만을 가져다줄 뿐 근본적인 해결책은 되지 못하므로 지혜로운 방편은 아니다.

지금 보살에게 필요한 보시는 법시(法施)다. 이것이야말로 무명(無明)을 밝히는 등불이며 눈먼 소경을 진리의 땅으로 이끄는 지팡이다. 법시를 베푸는 데에는 한 가지 조건이 있다. 색상(色相), 즉 물질의 유혹에서 멀어져야 한다. 이때 제일 먼저 실천해야 할 것이 번뇌와 육진의 집착에서 벗어나는 일인데 그러자면 무엇보다 벗어나고야 말겠다는 굳은 다짐이 필요하다. 바로 무상정등정각의 발현이다. 보살에게 무상정등정각의 발현은 활을 가지고 사냥하는 사냥꾼에게 총을 쥐어주는 것과 같다. 그만큼 빠르고 정확하게 보리를 증득할 수가 있다. 상(相)의 집착에서 벗어나는 방법은 위없는 평등한 마음으로 참다운 지혜를 얻는 것만큼 지름길은 없다.

다음으로 보시(布施)다. 어떤 보시어야 하냐면 안주하지 않는 보시어야 하며, 이익이 없는 보시어야 한다. 안주하는 보시에는 늘 득실과 이익이 따르기 마련이다. 안주하지 않은 보시라고 해도 자비가 없고, 정성이 부족하면 도리어 상처만 줄 뿐이어서 참다운 보시라고 할 수 없다. 그러므로 참다운 보시란 일체의 모든 상(相)을 여읜 보시여야 한다. 일체 상을 여의는 보시가 되면 일체의 모든 중생이 사라져버린다. 베푸는 이에게 상이 없는데 달리 중생이 있을 까닭이 있으랴. 만약 있다고 하면 보살이 보시하기 이전이니 상관없는 일일 테고, 법시(法施)를 했음에도 중생의 상이 남아 있다면 그것은 보살에게 상이 남아 있는 탓이니 참다운 보시가 아니다.

생멸의 끝없는 반복은 앎(識)으로부터 시작된다. 즉 생각에 의해 태어나서 생각으로 인해 죽었다가 과거의 생각이 미래의 인연을 생각하면서 환생을 하게 된다. 그러므로 생각은 곧 앎이다. 또한 생각은 아직 이루어지지 않은 상상이므로 망념이다. 이것은 알고 있는 것 자체가 망념이라는 뜻이다. 따라서 생명체란 곧 망념의 물질화를 이룬 몸인 것이다. 살아 움직일 때에는 생(生)이라 하고, 죽어서는 사(死)라고 하는데 그 대상은 명(命)이다.

명이란 무엇인가? 망념의 상징성이다. 다르게는 의식(意識)이라고 하는데 생멸을 주관하며 살아 있는 동안에는 자아(自我)를 형성하면서 상(相)을 고착화시킨다. 죽어서는 흩어져버린 몸과 함께 티끌이 되어 허공을 떠돌다가 때가 되면 인연을 찾아 환생하게 된다.

누가 환생을 했는가 하면 망념의 조각들이며 상이다. 몸은 망념의 조각들로 오랫동안 쌓여 굳어진 습이 물질화된 것이고, 마음은 살아 있는 동안의 창고인 셈이다. 창고 안을 무엇으로 채울지는 자아의 몫이다. 아상(我相)이 많으면 자기를 빛나게 할 것들로 가득 채울 것이고, 인상(人相)이 많으면 자랑할 것들로 가득 채울 것이다. 중생상(衆生相)이 많으면 온갖 시기와 질투, 미움으로 가득 채울 것이고, 수자상(壽者相)이 많으면 온갖 귀한 약재로 가득 채울 것인즉 과연 중생의 무거운 업을 무엇으로 벗어날 수 있을까.

여래께서는 사상(四相)을 소멸하지 않고서는 청정(淸靜)한 마음의 회복은 불가능한 일이라고 하였고, 오직 이것뿐이니 의심치 말고 믿으라고 하셨다. 오죽하면 분(分)의 제목조차 상(相)을 떠나면 곧 적멸(寂滅)이라고 했을까.

나 스스로가 도둑인데 나를 놔두고 어디서 범인을 찾겠다는 것인가. 콩 심은 데 콩 나고 팥 심은 데 팥 나는 법이다. 본래 성(性)과 상(相)이 다르지 않음인데 편견에 의해 나누어놓고 다르다 하며 우긴다면 이 얼마나 우스꽝스러운 일이겠는가. 과연 이런 이들에게 진리를 말해준들 알아들을 수나 있을 것인가? 하지만 참고 기다리다 보면 봄은 오게 마련인즉 그때를 위해 오래된 괭이 손질해놓는 것도 괜찮을듯싶다.

수보리(須菩提)야 여래소득법(如來所得法)은 차법(此法)이 무실무허(無實無虛)니라 수보리(須菩提)야 약보살(若菩薩)이 심주어법(心住於法)하여 이행보시(而行布施)하면 여인입암(如人入闇)에 즉무소견(即無所見)이어나와 약보살(若菩薩)이 심주어법(心住於法)하여 이행보시(而行布施)하면 여인유목(如人有目)커든 일광명조(日光明照)하여 견종종색(見種種色)이니라 수보리(須菩提)야 당래지세(當來之世)에 약유선남자선여인(若有善男子善女人)이 능어차경(能於此經)에 수지독송(受持讀誦)하면 즉위여래이불지혜(即爲如來以佛智慧)로 실지시인(悉知是人)하며 실견시인(悉見是人)하나니 개득성취무량무변공덕(皆得成就無量無邊功德)하나니라

해설

　수보리야, 여래가 깨우친 이 법은 참됨도 없고 헛됨도 없느니라. 수보리야, 만약에 보살이 이 법을 마음에 담아 보시하면 이 사람은 마치 어둠 속에는 볼 수 없는 것과 같지만 보살이 법을 마음에 담지 않고 보시하면 밝은 눈으로 밝은 햇빛에 온갖 사물을 다 볼 수 있는 것과 같다. 수보리야, 내세에 선남자선여인이 이 경을 지니고 외워서 독송할 수 있으면 여래께서 부처님의 지혜로 이들을 다 알아보고는 한량없는 공덕을 성취하게 하리라.

촌부풀이

색(色)이면서 공(空)이고, 공(空)이면서 색(色)이다. 창고가 있음에 텅 빈 것을 알고, 텅 빈 것에 집착하여 창고가 생겼음이라. 그런즉 또한 무색(無色)이면서 무공(無空)이라. 하지만 진공(眞空) 속에 미세한 묘유(妙有)의 움직임이 있어 끝내 상(相)을 이루는바 무색이 무성(無性)이오, 무실(無實)이지만 있음(有)의 미묘함으로 인해 결국 있음도 아니고 없음도 아니니 또한 무허(無虛)인 것이다.

그러므로 찾았다 한들 있는 것이 아니요, 놔뒀다 한들 없는 것도 아니니 묻지도 따지지도 말고 필요할 때 썼다가 필요치 않으면 버리든지 필요한 사람한테 주면 되는 일이다.

이런 이치를 깨닫지 못하고 법에 얽매이면 보시를 해도 공덕이 없다. 왜냐하면 그 법은 또 다른 상(相)이 되어 또 다른 나(我)를 만들기 때문이다. 이때의 나는 곧 법심이며 장애다.

고개 한번 돌리면 사방을 볼 수 있음에도 한곳만을 고집하는 까닭은 뭘까? 법심(法心)이라고밖에 달리 표현할 길이 없다. 그런데 고개 한번 돌리는 것이 법심을 들먹일 만큼 어려운 일일까?

솜털 같은 눈도 치우기 어렵고, 얼어버린 눈도 치우기가 어렵다. 티끌이 솜털 같은 눈이라면 법은 얼어버린 눈이다. 티끌을 쓸어내는 일이 쉽게 보이기는 하다만 너무 가벼워 제멋대로 흩어져 날아다니니 구석구석까지 찾아내어 쓰는 일이 만만치가 않을 것이오, 얼어붙고 단단히 굳어버린 법은 한 번에 해치울 수가 있어 좋기는 하나 과연 그 무게를 감당할 수 있을까 심히 염려스럽다.

그런즉 이래도 걱정 저래도 걱정이라. 차라리 흐르는 냇물에 종이배 띄워놓고 티끌이며 법이며 다 쓸어 담아 흘려보내는 것도 괜찮을듯싶다. 가볍다 싶으면 물길 따라 흐르지 못한 채 제멋대로 빙빙 돌기만 하겠고, 무겁다 싶으면 기우뚱하다가 물속으로 곤두박질칠 것이다.

행여 사람들이 물길을 탓하면 그대는 가벼운 티끌을 탓하면 되는 일이오, 사람들이 종이배를 탓하면 그대는 무거운 법상을 탓하면 되는 일이다. 그래도 사람들이 알아듣지 못하면 물에 빠트려보면 스스로 깨우치게 될 것이다.

청정한 하늘에 구름이 끼었다 한들 무슨 상관이 있으랴. 주인 없는 빈집에 길손이 머물다 간들 무슨 허물이 있을까. 뭔가 있을 것 같은 착각에 망념의 번뇌가 티끌을 일으켜 날리고, 뭔가 있다는 확신에 법이 세워져 굳어진다 해도 어차피 망념의 구름일 뿐인데 장대로 휘젓는다 하여 사라질 것도 아니고, 애써 붙잡아 문초한들 죄가 있어야 벌을 줄 것이 아닌가.

문제를 찾자면 잠시 청정한 하늘을 보지 못한 것일 테고, 빈집에 잠시 사람이 머물다 간 것뿐인데, 쓸데없이 상(相)에 안주(집착)

하여 의심하다 보면 내일도 하늘을 못 볼까 염려가 될 테고, 빈 집에 눌러앉겠다 할까 봐 불안할 것이다. 자, 어찌하면 좋으랴.

아직 내일은 오지 않았고, 중생의 마음에는 망념만 가득한데 오백 년 세월이 흐른다 한들 달라질 리 있을까마는 그래도 여래의 한량없는 자비심으로 제법 무아의 이치를 깨달아 보리를 증득할 수 있는 금강반야바라밀법을 전수하는 것인바 이 경을 지니고 외워서 부지런히 독송한다면 부처님께서 지혜로써 알아보시고 그 공덕을 찬탄하며 법성의 성취를 증명해주실 것이다.

토막

제자가 묻는다.

"상을 벗어나면 마음은 어찌 되는 겁니까?"

"그게 그거다."

| 第15 |

지경공덕분

持經功德分

수보리(須菩提)야 약유(若有) 선남자선여인(善男子善女人)이 초일분(初日分)에 이(以) 항하사등신(恒河沙等身)으로 보시(布施)하고 중일분(中日分)에 부이항하사등신(復以恒河沙等身)으로 보시(布施)하고 후일분(後日分)에 역이항하사등신(亦以恒河沙等身)으로 보시(布施)하여 여시무량백천만억겁(如是無量百千萬億劫)을 이신보시(以身布施)이나 약부유인(若復有人)이 문차경전(聞此經典)하고 신심불역(信心不逆)하면 기복(其福)이 승피(勝彼)하리니 하황서사수지독송(何況書寫受持讀誦)하여 위인해설(爲人解說)이리요

해설

수보리야, 만약에 어떤 선남자선여인이 오전에 항하의 모래 수와 같은 몸으로 보시하고, 낮에 또 항하의 모래 수와 같은 몸으로 보시하고, 저녁에 또 항하의 모래 수와 같은 몸으로 보시한다면 또한 이와 같이 몸으로 백천만 억겁에 걸쳐 한량없이 보시한다 해도 어떤 사람이 이 경을 듣고 신심을 저버리지 않으면 그 복이 몸을 보시한 공덕보다 더 수승하리니 하물며 베껴 쓰거나 지니고 다니며 독송하고 남을 위해 가르침을 편 것이야.

촌부풀이

● 경을 지니는 공덕에 관하여

보시(布施)는 그 자체만으로도 칭찬받아 마땅한 일이다. 더욱이 아침, 점심, 저녁에 걸쳐 항하의 모래 수와 같은 몸으로 보시를 한다면 매일 감복을 한다 해도 모자랄 것이다. 하물며 그와 같이 백천만 억겁에 걸쳐 보시를 한다면 그 복을 어찌 헤아릴 수 있을까.

그런데 경을 듣고 신심을 지키는 공덕이 그보다 더 크다는 것이다. 촌부의 마음에 회오리바람이 몰아친다. 법시(法施)의 공덕이 큰 줄은 알고 있었지만 그 정도일 줄은 몰랐다. 어쩌면 촌부의 견해가 아직 중생의 수준을 넘어서지 못한 때문일 수도 있다. 하지만 무상정등정각을 증득한 보살의 관점에서 보면 당연한 일인지도 모른다.

일단 보살의 마음에는 사상(四相)이라는 것이 없다. 그러므로 보시를 하였어도 보시를 했다는 마음이 없다. 재물을 보시할 때에도 같은 마음이었을 것이다. 하지만 무상정등정각을 성취한 보살에게 재시는 대단한 일도 중요한 일도 아니다. 왜냐하면 그 공덕이 물질적인 것이어서 끝내 무상(無常)할 수밖에 없기 때문이다. 타인을 이롭게 하기는 하지만 그 값에 차이가 있다.

경(經) 중의 사구게는 마음의 병을 치료하는 명약이다. 이 약을 초일분, 중일분, 후일분마다 평생을 복용하게 되면 번뇌가 사라져버리고 사상이 소멸되면서 오랫동안 앓고 있던 병이 씻은 듯이 낫는 것은 물론 진여(眞如)의 법까지 성취하는 것이니 이보다 더 크고 귀한 보시가 어디 있으랴.

때에 따라서는 재시(財施)와 무외시(無畏施)도 필요하기는 하다. 세상에는 아픈 사람도 있지만 배고픈 사람도 있고, 남을 괴롭히는 사람도 있기 마련이다. 따지고 보면 이들 모두가 병자이기는 하나 증상에 따라 약보다는 빵과 매가 더 급한 일일 수도 있다. 하지만 알맞게 치료를 해주었다 해도 근본이 바뀌지 않으면 베푸는 사람 입장에서는 끝내 허탈할 수밖에 없다. 그러므로 밥을 줄 때에도 법시(法施)가 따라야 하고, 혼을 낼 때에도 법시가 따라야 한다. 그래야만 보이는 모습뿐만 아니라 보이지 않는 모습까지도 변하게 된다.

절을 짓고 법당에 화신을 모시는 것, 계율을 만들어 수행자로서의 기본자세를 세우는 것, 모두는 오직 혜안을 열어 법신(法身)을 보기 위함인즉 이 또한 법시 못지않게 필요하고 귀한 보시다. 하지만 법시가 따르지 않는다면 재시와 무외시의 공덕이 제아무리 크다 하여도 뜬구름일 수밖에 없다.

법시는 경의 사구게를 들을 수 있게 귀를 뻥 뚫리게 하는 약이며, 혼탁한 의식을 맑게 해주는 약이다. 또한 지혜의 눈을 열어 어둠을 밝혀주는 약이며, 각성(覺性)의 환희를 징험하여 무상정등정각을 증득게 하는 약이기 때문이다.

수보리(須菩提)야 이요언지(以要言之)컨덴 시경(是經)은 유불가사의불가칭량무변공덕(有不可思議不可稱量無邊功德)하나니 여래위발대승자설(如來爲發大乘者說)이며 위발최상승자설(爲發最上乘者說)이니라 약유인(若有人)이 능수지독송(能受持讀誦)하여 광위인설(廣爲人說)하면 여래(如來) 실지시인(悉知是人)하며 실견시인(悉見是人)하여 개득성취불가량불가칭무유변불가사의공덕(皆得成就不可量不可稱無有邊不可思議功德)하리니 여시인등(如是人等)은 즉위하담여래아뇩다라삼먁삼보리(即爲荷擔如來阿耨多羅三藐三菩提)니라

해설

　수보리야, 요약해서 말하면 이 경은 생각할 것도 헤아릴 것도 없는 한없는 공덕이 있는바 여래는 이 경을 대승의 발심을 한 자를 위해 말할 것이며, 최상승심을 일으킨 자를 위하여 말하느니라. 만약에 어떤 사람이 능히 지니고 외워서 사람들에게 널리 가르쳐준다면 여래께서는 이 사람의 가히 헤아릴 수도 설명할 수도 끝도 없는 공덕을 다 알아보시니, 이 사람이 바로 여래의 무상정등정각의 뜻을 잇게 되리라.

촌부풀이

　본래 이름도 없는 광활한 벌판이건만 창고(몸)를 지어 문까지 달고서는 그 안을 가리켜 텅 빈 마음이라고 허니 어찌 된 영문인가.
　마음이라는 것이 비유하자면 그릇 속의 공간이라 시시때때로 비우고 채우기를 반복하다 보면 나름 뭐라도 있는 듯 보이지만 실은 그릇이 깨지고 나면 그럴듯한 공간 또한 흔적조차 없이 자취를 감춰버리니 끝내 허망할 뿐이다. 그러므로 몸이 없으면 마음도 없고, 몸이 있으면 마음도 함께 있는 법이다. 하지만 이런 이치를 깨닫지 못한 채 본래부터 마음은 있는 것이라 믿고 매달리고 있으니 이것을 두고 헛것에 집착한다 하여 상(相)이라고 하는 것이다. 따라서 마음을 닦겠다고 나서는 것부터가 어리석은 짓이다. 그래도 드러내놓고 나대지 않은 탓에 감춰지기는 하였으나 언제까지 속일 수는 없는 일이다. 하긴 속이고 싶어 속였을까마는 이제라도 잘못을 뉘우치고 바로 잡으면 되는 일이다. 이에 참된 묘법을 전수할 양으로 경에 적어놓으니 과연 어느 누가 볼 것인가. 어느 때인가 굳이 찾지 않아도 경을 지니고 외우는 이가 나타나 심오한 이치를 깨닫는 것은 물론 타인을 위해 가르쳐주기까지 하니 이 또한 누구인가.

일찍이 부처님께서 눈여겨보던 상근기자이다. 단언컨대 무상정등정각을 증득하여 보리(菩提)를 실현할 자이다.

하이고(何以故)오 수보리(須菩提)야 약요소법자(若樂小法者)는 착아견인견중생견수자견(着我見人見衆生見壽者見)이라 즉어차경(即於此經)에 불능청수독송(不能聽受讀誦)하여 위인해설(爲人解說)이니라 수보리(須菩提)야 재재처처(在在處處)에 약유차경(若有此經)하면 일체세간천인아수라(一切世間天人阿修羅)의 소응공양(所應供養)이니 당지차처(當知此處)는 즉위시탑(即爲是塔)이라 개응공경(皆應恭敬)하며 작례위요(作禮圍遶)하고 이제화향(以諸華香)으로 이산기처(而散其處)하니다

해설

왜냐하면 수보리야, 만약 소승의 법을 좋아하는 자는 아견, 인견, 중생견, 수자견에 집착하여 이 경에 대해 알아듣고 외워서 남을 위해 가르침을 줄 수 없기 때문이다. 수보리야, 어느 곳이든 이 경이 있으면 일체 세간의 천인과 아수라가 응당 공양을 할 터인즉 그곳을 탑묘로 여김을 알아 모두가 응당 공경하고 예를 갖추어 탑을 돌면서 꽃과 향을 뿌리리라.

촌부풀이

소법(小法)은 소승(小乘)인 성문(聲聞)의 수행법이다. 대승(大乘)과는 보살자비행(菩薩慈悲行)의 유무(有無)로써 차별을 두는데 '작은 수레'라고 하는 소승의 뜻처럼 개인의 해탈을 추구하고 있다.

소승은 수행자만을 위한 부파불교다. 중생구제를 목적으로 하는 대승 불교의 진보적 양식보다 그들만의 세계 속에서 전통과 의식을 중요시하는 보수적 불교다.

소승불교에서의 승려들은 일반 사람들의 삶과는 분리된 그들만의 독특한 집단생활을 유지해왔다. 수행 과정 또한 고통에서의 해방을 목적으로 하는 개인의 자가 성찰을 기반으로 하고 있기에 그들의 수행은 늘 독각(獨覺)일 수밖에 없었다. 누구든 할 수 있지만 누구나 할 수 없는 수행이었고, 단계마다 시험을 보고 통과를 해야만이 다음 과정을 공부할 수 있는 허락이 떨어졌다. 승려들의 삶은 고행의 연속이었고, 그들은 그런 고행을 오히려 자랑으로 여겼다.

반면 대승(大乘) 불교의 중심 사상은 보살행이다. 보살행이란 경(經)으로부터 얻은 지혜를 기반으로 하여 이타행(利他行)으로서의 실천 덕목을 이루는 행위를 말한다. 대승은 다시 교종(敎宗)과 선종(禪宗)으로 나누는데 교리(敎理)와 경전, 예불을 중요시하는 교종과는 달리 선종은 형식에 치우치지 않는 자유로운 수행 과정을 통해 불성을 깨닫고 사상(四相)으로부터의 해방을 맛보게 된다. 이들은 불립문자(不立文字), 교외별전(敎外別傳)을 주장하는 데 화두를 타파함으로써 각성(覺性)의 묘리(妙理)를 얻는 것에 목적이 있다.

본문의 금강경은 대승불교의 대표적 경전이며 능단반야바라밀경이라고도 한다. 이 경의 중심은 제법무아(諸法無我)의 이치를 깨달아 무상정등정각심을 증득함으로써 자비희사(慈悲喜捨)의 보살행을 완성하는 데에 있다. 그런 까닭에 여래께서도 이 분(分)을 통해 소승의 법으로는 이 경을 지니고 외워 가르쳐줄 수 없음을 공개적으로 지적하신 것이다.

얼핏 소승의 수준을 비하한 것 같은 대목일 수도 있다. 하지만 정확한 뜻은 소승의 독각(獨覺) 형식만으로는 경을 이해하고 받아들이기가 힘든 탓에 사견(四見)에 걸리게 된다는 것이다.

견(見)이란 무엇인가? 생각이다. 누구의 생각인가? 먼저 '나'의 생각이 있으면 '너'의 생각이 있을 것이고, 나와 너가 있음으로 해서 각각의 생각에 동조하는 중생(衆生)의 생각이 있으면, 그 생각에 따라 승패가 나눠지므로 수자(壽者)의 생각 또한 있을 것이다. 그런가 하면 밖으로부터 안으로 들어오는 생각과 반대로 안으로부터 밖으로 나가는 생각도 있을 것이다. 이것은 늘 주객(主客)의 문제를 일으키며 한쪽을 주장하는 빌미가 되므로 어느 것이든 치우친 생각과 집착이기는 마찬가지다. 하지만 생각의 문을 닫고 무념의 사리탑을 세워 현상을 직관할 수 있다면 망념은 안주할 곳을 잃게 되므로 사견(四見)의 소멸은 시간문제일 수밖에 없다.

금강경은 곧 탑과도 같아 천인 아수라 모두가 이를 부처님 사리로 여기고 공경하며 주변을 돌며 예를 갖춰 꽃과 향을 뿌린다 하였으니 앞서는 선종의 깃발을 꽂은 것이요, 지금은 교종의 탑을 세웠음이라.

부처님의 배려와 자비심이 또 한 번 빛을 발하는 순간이다. 무위(無爲)의 복을 얻음이 무량무변하겠으나 때로는 중·하근기를 위한 유위(有爲)의 의식도 필요한 법이다. 씨 뿌리자마자 과실이 열리면 기나긴 세월 촌부는 무슨 낙으로 살아갈까. 어차피 지나

고 나면 모두가 주마등이라 하지만 남은 세월 막막한 건 여전하
리라.

토막

제자가 묻는다.

"인연이란 무엇입니까?"

"집착이다."

능정업장분

能淨業障分

부차수보리(復次須菩提)야 선남자선여인(善男子善女人)이 수지독

송차경(受持讀誦此經)하되 약위인경천(若爲人輕賤)하면 시인(是人)

선세죄업(先世罪業)으로 응타악도(應墮惡道)언마는 이(以) 금세인

(今世人)이 경천고(輕賤故)로 선세죄업(先世罪業)이 즉위소멸(即爲消

滅)하고 당아뇩다라삼막삼보리(當阿耨多羅三藐三菩提)니라

해설

또한 수보리야, 선남자선여인이 이 경을 지니고 외워서 독송

하는 중에 주위 사람들로부터 업신여김을 당한다면 그 사람은 전생의 죄업으로 응당 지옥에 떨어지겠으나 현세에 업신여김을 받은 탓에 전세 죄업이 소멸되어 마침내 아뇩다라삼먁삼보리를 얻게 되리라.

촌부풀이

● 업장의 정화

업(業)의 원인은 상(相)에 있고, 상은 번뇌를 먹고 자란다. 그러므로 업의 정화는 오직 사상(四相)과의 단절에 있다.

아상(我相)을 벗어나면 우선 주장할 것이 없어진다. 집이 있어도 내 집이 아니고, 옷이 있어도 내 옷이 아니다, 하지만 사는 동안은 몸의 유지를 위해 어느 정도의 내 집과 내 옷은 허용이 된다. 문제는 죽은 뒤의 집착이다. 몸이 없는 만큼 자고, 먹고, 입고, 쓸 일이 없어 내 집이다 내 옷이다 집착할 필요가 없지 않을까 싶다만 오히려 더 집착하며 매달린다. 왜냐하면 사자(死者)는 살아 있을 때 길들여졌던 습들의 고착화로 인해 주관적인 느낌과 감정만을 갖고 살아가기 때문이다. 더욱이 이들은 몸이 없음으로 해서 습의 잘잘못을 확인하고 고칠 수 있는 기회마저 잃어버린다. 즉 활동 범위가 무의식 속에서만 이루어진다는 것이다.

이 말은 의식의 인지 능력이 상실되었다는 뜻이기도 하다. 그 결과 똑같은 상황이라도 살아 있을 때보다 더 많이 분노하고 더 많이 슬퍼한다.

소위 지적 능력을 갖춘 사자(死者)일 경우 어느 정도 조절 능력이 가능하지만 영성 수준이 낮은 하위자아의 경우는 업에서 벗어날 방법이 없다. 유일한 길은 다시 환생을 하여 잘못을 고치는 수밖에 없는데 그 업장소멸이라는 것이 뼈를 깎는 고통과 인내를 요구하기에 알아도 못하는 경우가 허다하다. 그래서 업(業)이 무섭다는 것이다.

업을 소멸하자면 우선 사상(四相)으로부터 벗어나야 한다. 사상은 상상으로 이루어진 생각(망념) 속의 '나'를 쪼개어 어디에, 어떻게, 무엇에 집착하는가에 따라 분류된 종류별 집착이다. 다시 말해 상상이 상상하는 곳에서 다른 상상과 함께 상상의 물건에 대해 집착하는 것이다. 그런데 더욱 기막힌 것은 집착하는 이유에 대해 아는 이가 드물다는 사실이다.

업의 정화는 곧 사랑의 정화다. 사랑은 타오르는 불꽃과 같다. 그것은 나를 지키고 유지하는 생명과도 같아 빼앗길 수도 버릴 수도 없다. 때문에 이유를 막론하고 집착할 수밖에 없다. 하지만 고통이 따른다. 타오르는 불꽃으로 인해 매운 연기가 피어올라도 눈물을 흘리며 참아내야 하고, 불꽃이 꺼질세라 풀무질도 해야 한다. 사방에 재가 튀고, 연기가 가득 차도 멈출 줄을 모른다.

꺼져가던 불꽃이 타오르면 생명은 기쁨에 환호하지만 사람들은 그것이 사랑을 위장한 집착의 상인 줄을 모른다.

부처님께서 인간의 몸으로 환생하신 까닭도 금강경을 설법하신 이유도 중생들이 무명(無明)의 어리석음으로 인해 업장 소멸의 기회를 놓칠까 심히 염려되어 오신 것이다. 때문에 열반하신 뒤에도 훗날의 중생들을 위해 금강밀법을 남겨두심으로써 사상(四相)을 소멸하고 무상정득정각을 증득하는 도구로 삼으신 것이다.

수보리(須菩提)야 아념(我念) 과거무량(過去無量) 아승지겁(阿僧祇劫)하고 어(於) 연등불전(燃燈佛前)에 득치팔백사천만억나유타제불(得値八百四千萬億那由他諸佛)하여 실개공양승사(悉皆供養承事)하되 무공과자(無空過者)니라 약부유인(若復有人)이 어후말세(於後末世)에 능수지독송차경(能受持讀誦此經)하면 소득공덕(所得功德)이 어아소공양제불공덕(於我所供養諸佛功德)으로 백분불급일(百分不及一)이니 천만억분(千萬億分)과 내지산수비유(乃至算數譬喩)으로 소불능급(所不能及)이니라

해설

　수보리야, 내가 과거 한량없는 아승지겁의 때를 생각해보니 연등불을 뵈옵기 전에 이미 팔백사천만 억 나유타 떨어져 있는 모든 부처님을 먼저 뵈옵고 일제히 공양하였으며 높이 섬기며 헛되이 보내지 않았노라. 만약에 또 어떤 사람이 다가오는 말세에 이 경을 받아 지니고 외운다면 과거에 내가 모든 부처님을 공양한 공덕은 그 공덕에 비해 백분의 일, 천분의 일에도 미치지 못할뿐더러 어떤 것으로도 계산할 수 없는 것이다.

촌부풀이

　석가모니부처님께서 과거 생에 연등불을 뵈옵기 전에 이미 발품을 팔아가며 일체제불을 위해 지극정성으로 들인 공양이 어찌 작다고 할 것인가. 하지만 경전 속의 부처를 만나는 것에 비하면 아주 작은 것이라고 하였으니 무슨 까닭인가?

　예로부터 눈으로 보고 믿는 믿음은 보지 않고 믿는 믿음에 비할 바가 못 된다고 하였다. 또한 몸을 통하여 믿는 것은 마음으로 믿는 것에 비하여 작은 복이고, 몸도 아니고 마음도 아닌 오직 불성으로 믿는 것에 비하면 아주 작은 복이다. 그러므로 믿음은 정성도 중요하지만 더 중요한 것이 일심(一心)이며 일념(一念)이다.

금강경의 가치는 더할 나위 없이 크고 크다. 이것은 경을 칭송하기 위한 과장의 말이 아니다. 똑같은 것을 봐도 소똥으로 보는 사람이 있고, 황금으로 보는 사람이 있다. 그렇듯이 제아무리 경전의 뜻이 높고 수승하다 할지라도 보는 사람의 안목이 어둡고 흐릿하다면 소용없는 일이다. 그래서 말세에 경을 받아 지니고 외우는 사람의 공덕이 매우 크다고 하는 것이다.

시대를 막론하고 진리를 찾아 헤매는 이들은 많아도 진리를 보았다 하는 이들이 드문 까닭은 진리는 땅에 있는 것도, 바다에 있는 것도 산에 있는 것도 아니요, 그렇다고 신(神)이 주는 것은 더더욱 아니다. 진리는 구할 바 없는 자에게 있다. 무상(無上)의 깨달음으로 평등심의 보살행을 펼치다 보면 무심코 발부리에 걸리는 것이 진리다. 만약 경전(經典)의 기록만을 갖고 찾고자 한다면 그것은 한낱 집착일 뿐이오, 그 착(着)은 앎(識)의 축적을 위한 상(相)에 지나지 않는다.

석가모니부처님께서 온 나라의 제불들을 일일이 찾아다니며 공양을 하고 진리를 구하였으나 밖에서는 얻을 수가 없었다. 왜냐하면 부처님께서 구하고자 했던 구슬은 오래전부터 부처님 안에 있었기 때문이다. 자, 이제 그 비밀을 경전에 적어 전수하고자 하니 말세에도 혜안(慧眼)을 갖춘 이가 지혜로서 깨달아 놓치는 일이 없도록 하면 곧 해탈 열반(涅槃)에 들 것이다.

낚시를 하다 보면 물고기 대신 세월을 낚을 때가 허다하다. 강태공은 오늘도 어김없이 낚시를 드리운다. 대어를 낚겠노라 호언장담하면서. 하지만 대어는 벌써 낚았지 않았을까 싶다.

수보리(須菩提)야 약선남자선여인(若善男子善女人)이 어후말세(於後末世)에 유수지(有受持) 독송차경(讀誦此經)하는 소득공덕(所得功德)을 아약구설자(我若具說者)인댄 혹유인문(或有人聞)하고 심즉광란(心即狂亂)하여 호의불신(狐疑不信)하리니 수보리(須菩提)야 당지(當知)하라 시경(是經)은 의(義)도 불가사의(不可思議)며 과보(果報)도 역불가사의(亦不可思議)니라

해설

수보리야, 만약에 선남자선여인이 다음 말세에 이 경을 받아 지니고 외운 공덕에 대해 말하자면 어떤 사람은 듣고도 마음이 혼란해져서 의심하며 믿지 않을 것이다. 수보리야, 마땅히 알라. 이 경은 뜻도 헤아릴 수 없고, 과보 역시 헤아릴 수 없기 때문이다.

촌부풀이

천둥을 표현하는 데 어찌 여러 마디 말이 필요할까. 무착(無着)과 무상(無相)으로 무상(無上)의 보살행을 이루면 그것이 바로 반야밀법인 것이다. 경에서 누누이 말한 것이 이것이오, 비유하여 펼친 것이 이것인데 부처의 그림자를 어찌 다른 곳에서 찾으랴.

만약 경의 비밀과 공덕을 모르는 누군가가 이 경만을 수지 독송하여 무상정등정각을 이루었다고 하면 과연 한 치의 의심 없이 믿을 수 있을 것인가?

사실 믿고 안 믿고는 이룬 것과 상관없는 일이다. 중요한 것은 행(行)이다. 오로지 하심(下心)으로 공손히 무릎 꿇고 앉아 향을 피우듯 경을 수지 독송하다 보면 불심(佛心)의 불꽃이 안으로부터 타올라 마침내 불광(佛光)을 이룰 것이다.

본래 곁에 있으면 귀한 줄 모른다. 정성스레 밥을 지어 공양하는 보살의 뜻을 독각의 수행자가 어찌 알 것이며, 그 과보가 몇 겁을 돌고 돈다 해도 끊어지지 않음을 어찌 알 것인가. 그저 고개만 갸우뚱하며 불가사의하다 할밖에.

말법이 왜 말법인가. 크다만은 텅 빈 박과 같고, 설법마다 유창하기는 하다만은 죄다 모순과 당착에 표리부동하기 일쑤이니 의지할 곳 잃어 스스로를 믿다 보면 무신론자들의 세상이라. 온통 사람들은 사견(四見)에 사로잡혀 경전조차 자기식대로 해석하다 보면 손에 진리를 쥐어준들 알기나 할까. 그래도 최상의 근기를 지닌 이들이 있어 경을 통해 명맥을 이어주니 한량없는 공덕을 그 누가 헤아려 알 것이며 미혹에 빠져 외면한 세월의 한량없는 과보를 그 누가 헤아려 알 것인가.

오로지 눈 밝히고 앉아 경전의 구절구절마다 화두(話頭)로 잡아들고 절절히 깨뜨리다 보면 옷깃 스치는 찬바람에 가을이 왔음을 저절로 아는구나. 옆집 아낙네 밥 짓는 연기에 배는 재우 고파오는데 냉큼 건너가 한술 얻어먹자니 매번 염치가 없고, 참고 넘기자니 긴긴밤 어찌 세우랴.

그 마음 어찌 알았는지 저만치 밥풀 묻은 주걱 쥐고 나타나는 아낙네 모습이 내 눈에는 영락없는 대보살일세.

토막

제자가 묻는다.

"업(業)이란 무엇입니까?"

"거울에 비친 네 모습이다."

구경무아분

究竟無我分

이시(爾時)에 수보리(須菩提) 백불언(白佛言)하되 세존(世尊)이시여 선남자선여인(善男子善女人)이 발아뇩다라삼먁삼보리(發阿耨多羅三藐三菩提)한이는 운하응주(云何應住)며 운하항복기심(云何降伏其心)이니까 불고수보리(佛告須菩提)하사대 약선남자선여인(若善男子善女人)이 발아뇩다라삼먁삼보리심자(發阿耨多羅三藐三菩提心者)는 당생여시심(當生如是心)하되 아응멸도일체중생(我應滅度一切衆生)하리라 멸도일체중생이(滅度一切衆生已)하여는 이무유일중생(而無有一衆生)도 실멸도자(實滅度者)니라

해설

　그때에 수보리가 부처님께 아뢰기를 세존이시여, 선남자선여인이 묻기를 아뇩다라삼먁삼보리를 일으킨 이는 그 마음을 어떻게 머무르게 하며 번뇌의 마음을 어떻게 항복시킬 수 있겠습니까? 부처님께서 수보리에게 대답하시기를 만약에 선남자선여인으로서 아뇩다라삼먁삼보리를 일으킨 자는 응당 진리의 마음을 낼 것인즉 '나는 마땅히 진리의 마음으로 중생을 제도할 것이다.'라고 하겠으나 일체중생을 제도한 뒤에는 단 하나의 중생도 제도한 바 없다 하리라.

촌부풀이

● 공성(空性)의 경지

　수보리가 선남자선여인을 대신하여 부처님께 묻는다. "무상정등정각의 마음을 낸 자는 깨달은 마음을 어떻게 머무르게 하며, 번뇌의 마음을 어떻게 항복시킬 수 있습니까?"

　이것은 제2편 선현기청분(善現起請分)에서도 물은 바 있다. 그때 부처님께서 대승정종분(大乘正宗分)을 통해 답하시기를 선남자선여인은 일체 중생을 진리로써 제도해야 한다 하시고는 실은 한 중생도 제도한 바 없다,라고 하셨다. 왜냐하면 이미 무상(無常)과 무착(無着) 행(行)을 증득하였으면 '나'라고 할 것 또한 사라졌기 때문이다.

무아(無我)란 '나 없음'이 아니다. 허상으로서의 '나'를 관찰하여 보니 그 이치가 공(空)하므로 '나'라고 할 것이 없다는 뜻이다. 무아의 증득을 위한 수행 또는 사유를 통한 체험의 대상인 '나'는 일종의 행위자에 불과하다. 이를테면 이런 것이다. 데카르트는 '나는 생각으로써 존재하는 것이다.'라고 하였다. 이 말은 곧 생각이 사라지면 나 또한 사라진다는 뜻이다. 이뿐만이 아니다. 만지고 느껴지는 것, 아는 것 등 일체의 감각적 행위 모두는 '나'의 존재를 위한 현상에 불과하다. 하지만 이 현상들이 없으면 더 이상 '나'는 존재하지 않는다. 오로지 본질만 남게 되는데 이것이 공(空)하다는 것이다.

공(空)한 것은 없는 것과 다른 문제다. 공이란 없지만 있는 것이다. 예를 들어 '나'를 '바람'이라고 치자. 우리는 바람이 불고 있을 때를 가리켜 바람이 분다,라고 말한다. 그럼 바람이 불고 있지 않을 때의 '바람'은 어디에 있는 것일까? 모르는 일이다. 그러나 어디로부턴가 바람이 불어오면 우리는 다시 바람이 분다,라고 한다. 기억 속의 바람이 현상으로 나타난 것이다. '나' 또한 마찬가지다. '나'는 부모의 행위를 통해 바람처럼 이 세상에 태어났다. 그리고 언젠가는 바람처럼 사라져버릴 것이다. 하지만 '나'는 바람이 불어오듯 누군가의 행위를 통해 다시 환생할 것이고, 때가 되면 어김없이 사라져버린다.

'나'는 누구인가? 모르는 일이다. 하지만 '나'는 알고 있다는 착각 속에 살고 있다. 착각은 '나'의 존재를 연장시키고, 영원히 살 것 같은 착각 속에 죽었다가 다시 태어나기를 반복한다.

환생은 욕망의 증거다. 어떤 욕망인가 하면 '나'의 존재를 인정받고 주장하고 싶은 욕구다. 사람들은 이런 욕망의 성취를 위해 할 수 있는 온갖 행위를 자행한다. 그런데 아이러니컬하게도 그런 현상적 행위가 죽었다가 다시 태어나게 하는 원동력이 된다는 점이다. 현자는 그 힘을 가리켜 업(業–카르마)이라고 하는데 그것이 바로 '나'이다. 그러므로 '나'가 없으면 업 또한 없는 것이고, '나'를 주장하면 업은 있는 것이다.

사람들은 윤회의 원인을 가리켜 업 때문이라고 말한다. 이 말은 결국 '나' 때문이라는 것이고, 무아(無我)의 이치를 증득하는 순간 업은 더 이상 존재하지 않는다. 그렇다면 업은 있는 것인가? 없는 것인가?

결국 '나'를 창조한 것도 '나'를 유지시키고 파괴하는 것도 '나'이면서 업이다. 사람들은 이와 같은 '나'의 존재를 가리켜 신(神)이라고 말한다. 즉 살아 있는 동안에는 인간의 형상으로 존재하지만 죽은 뒤에는 신(神)으로서 남는다는 것이다. 하지만 그것은 인간을 위대한 존재로 만들기 위한 엉터리 계략에 불과하다. 신은 없다. 만약 있다고 하면 그것은 '나'가 있기 때문이다. 다시 말해 '나'의 존재를 설명하기 위한 일종의 장치인 셈이다. 실은 이 것마저도 오류가 있다. 신(神)이 아니라 신(辰)이라고 해야 맞다. 이 경우 죽은 뒤의 '나'는 귀(鬼)로서 존재한다. 왜냐하면 허구이 기 때문이다. 신(辰) 또한 허구이기는 마찬가지다. 다만 귀(鬼)와 다른 것은 깨달음에 대한 차이가 있다. '나'라는 존재가 허구인 줄을 깨닫게 되면 귀신(鬼辰)의 단계로 진화를 이루게 된다. 즉 인 간의 업을 그대로 간직하고 있는 신(辰)이라는 것이다. 여기에서 한 단계 더 진화를 이루면 신령(辰靈)이 되고, 영혼(靈魂)으로 성장 하면서 무아(無我)의 경지를 증득할 수 있는 단계에 오른다. 하지 만 깨달았다고 하여 달라지는 것은 없다. 왜냐하면 깨달은 순간 깨달은 것이 아니기 때문이다. 그러므로 진아(眞我)의 표현은 잘 못된 것이라고 말한다.

무상정등정각심으로 일체 중생을 구제하였다 해도 구제하였 다는 마음이 남아 있다면 아직 아견(我見)이 있는 것이므로 무아 일 수 없다. 그래도 덜 익은 사과처럼 깨달은 바가 있는 만큼 이 들을 가리켜 무엇이라 부르는 것이 좋을까.

'나(我)'라는 것 자체가 허망한 것인데 그 앞에 진(眞)을 다는 것 부터가 모순일 수도 있겠으나 본래 물질 세상의 이치가 다 모순 으로 이루어져 있는 만큼 잘못되었다고 하는 것부터가 오히려 잘못된 것은 아닐까.

물질의 세상, 중생의 세상에서는 언제나 창과 방패라는 두 개의 모순된 답을 가지고 있다. 그러므로 목적 달성을 위해서는 두 가지 답을 쓸 줄 알아야 한다. 반야심경의 첫 마디가 관자재보살(觀自在菩薩)이다. 관자재란 두루 살핀다는 뜻으로 각성의 보살이 지혜의 빛으로 한쪽으로 치우쳐 있는 '나'의 내면을 관찰한 것이다. 이것은 구도자를 위한 가르침의 방편이다. 만약 중생의 선업(善業) 쌓기나 공덕을 위한 것이었다면 관세음보살(觀世音菩薩)의 명칭으로 진언과 독송을 외우게 했을 것이다. 이것은 모순된 세상에서의 모순된 방편이다.

무상정등정각심으로 일체 중생을 성불하게 하였다 해도 단 한 사람도 제도한 바 없다고 하신 것도 다르지 않다. 만약 일체 중생을 빠짐없이 제도하였다 한다면 그것은 무상정등정각심의 증득이 아닌 게 된다. 왜냐하면 물질 세상 원리가 지극히 모순적이어서 있는 그대로의 진실을 말하면 오히려 참다운 공덕이 되지 않기 때문이다.

수련을 하다 보면 배꼽 아래로부터 뿜어져 오르는 빛이 있고, 백회 위로 백열등처럼 훤히 비치는 빛도 있다. 전자의 빛을 내 안의 응집된 기(氣)가 맑아지면서 일어나는 현상이라고 하면 후자의 빛은 내 안의 기가 몸의 경계를 벗어나 허공과 계합했을 때 나타나는 과정이다. 하지만 둘 다 무아와는 거리가 멀고, 진아(眞

我)라고 하면 어느 정도 맥락을 같이하지 않을까 싶다.

한마디로 '나'는 진(眞)이 될 수가 없다. 하지만 '나'를 관찰함으로써 진리를 엿볼 수는 있을듯싶다. 호흡법 중에 주천(周天)이라는 것이 있는데 몸의 기맥과 혈(穴)자리를 따라 운행함으로써 몸(命)의 정화를 이루는 데 목적이 있다. 그런가 하면 관법(觀法)이라하여 마음의 눈을 통한 내면(性)을 관찰하는 것으로써 이 둘이 조화를 이뤄 어느 단계에 이르게 되면 소위 출신(出神)이라는 것을 하게 된다. 이것을 전문 용어로 연신환허(煉神還虛)라고 하는데 각성의 이치는 깨우쳤으나 아직 사리(舍利)가 무르익지 못한 바로전의 상태로서 다르게는 진아(眞我)를 이루었다고 한다. 물론 불법으로 보면 당연지사 외도(外道)이겠으나 보살을 가리켜 깨달은 중생이라고 하는 세상임을 감안한다면 과정의 편의상 '진아'를 쓰는 것도 괜찮지 않을까 싶다. 어차피 진(眞)을 말하는 순간 무아(無我)와는 상관없는 일이 될 테니까.

수보리가 운하응주각심(云何應住覺心)과 운하항복번뇌심(云何降伏煩惱心)에 대하여 재차 묻고 있는 까닭이 무엇인가?

대승정종분에서의 제도 대상이 몸이었다면 구경무아분에서의 제도 대상은 마음이다. 몸의 바탕은 명(命)이고, 생(生)과 사(死)로써 유지되며 몸의 종류는 업(業)의 결과물인 수직적 차이로 구분된다. 이를테면 이것에는 난생(卵生), 태생(胎生), 습생(濕生), 화생

(化生), 유색(有色), 무색(無色), 유상(有想), 무상(無想) 등의 여러 종류가 있다. 이들은 색, 성, 향, 미, 촉, 법(色. 聲. 香. 味. 觸. 法)의 육진(六塵)이 머무르면서 만들어낸 망념(妄念) 조각들이지만 집착하여 뿌리를 내리게 되면 형상으로 굳어져 존재물이 된다.

그러므로 산다는 것은 이들이 집합체를 이루며 사는 것이고, 죽는다는 것은 이들이 산산이 흩어져 티끌이 되는 것을 말한다. 윤회(輪回)란 무엇인가? 이들이 뭉쳤다 흩어지기를 끝없이 반복하는 것이다.

그럼 무상정등정각심을 내어 무엇을 제도하겠다는 것인가? 그와 같은 공(空)의 이치를 지혜로 밝히고 본래의 성품을 회복시켜주겠다는 것이다. 첫 번째 방편은 무상심(無上心)이다. 이것은 지극한 하심(下心)으로써 몸의 업장을 소멸하고 제도하는 데에 따라 갖추어야 할 마음가짐이다.

몸의 업장은 탐욕(貪慾)과 소유욕(所有慾)으로 이루어져 있다. 보는 자가 있고, 보는 대상이 있으면 유위(有爲)로서의 차별이 생기게 마련인데 그 마음은 탐심과 소유심으로 나타나 육진을 의지하며 형상을 만든다. 하지만 무상의 하심을 이루면 비교할만한 주체와 객체가 사라지므로 모르는 일만 남게 되면서 잘못된 습(習)의 장애까지 소멸하게 된다.

그런가 하면 마음의 바탕은 성(性)이다. 청탁(淸濁)으로 구분되며 사상(四相)에 의해 드러난다. 무상정등정각심을 낸 이가 마음을 제도하기 위해서는 정각심(正覺心)이 필요하다. 정각은 정법(正法)을 올바르게 보는 반야의 지혜를 말한다.

대지혜를 얻기 위해서는 성(性)의 맑음이 필요하다. 즉 진화된 수승한 근기가 있어야 한다는 것이다. 마음에 장애가 있다는 것은 고착화된 법이 있다는 것이고, 그러한 견해로 인해 상(相)이 만들어져 '나'를 이룬 것인즉 그런 이치를 바로 꿰뚫어 보아 단숨에 집착에서 벗어나는 것이 정각(正覺)이오, 상근기다.

그러나 이것만으로 구경무아(究竟無我)를 이루는 것은 아니다. 또 한 번의 무상정등정각심이 필요하다. 몸의 장애를 소멸하면 신선(神仙)이 되고, 마음의 장애까지 넘어서면 아라한과(阿羅漢果)를 증득한 성인(聖人)의 반열에 오르기는 하지만 부처가 뇌기에는 부족함이 있다. 왜냐하면 보살행(菩薩行)이 없는 이승(二乘)만을 갖추었기 때문이다.

보살행이란 무엇인가? 아뇩다라삼먁삼보리심이자 일체 차별이 없는 평등한 자비행이다. 따라서 삼승(三乘)인 일승(一乘)으로서 무아의 이치를 깨달아 열반적 정의 경지를 맛보기 위해서는 적어도 세 번 이상의 아뇩다라삼먁삼보리심은 내야 할 것이다. 이 말은 필요할 때만 구하고 찾는 것이 아닌 일상생활에 물들어 있어야 한다는 뜻이다. 이런 이들은 깨달은 마음을 머무르게 하는 법과 번뇌의 마음을 항복받는 법을 따로 구하지 않아도 이미 반야의 지혜로써 통찰하고 있는 셈이다.

하이고(何以故)오 수보리(須菩提)야 약보살(若菩薩)이 유아상인상
중생상수자상(有我相人相衆生相壽者相)이면 즉비보살(即非菩薩)이니
소이자하(所以者何)오 수보리(須菩提)야 실무유법(實無有法)하여 발
아뇩다라삼먁삼보리심자(發阿耨多羅三藐三菩提心者)니라

해설

왜냐하면 수보리야, 만약에 보살이 사상(四相)을 가지고 있으면
보살이 아니기 때문이다. 어찌 그런가 하면 수보리야, 실은 무상
정등정각심이다,라고 일으킬만한 법이 없느니라.

촌부풀이

그런데 경은 한술 더 떠서 아뇩다라삼먁삼보리심만으로도 안
된다고 하였다. 모름지기 그런 마음조차 갖고 있지 않아야 참다
운 불심이라고 말한다. 왜냐하면 조금이라도 그런 마음을 내었
다면 그것은 사상을 일으키는 빌미가 되기 때문이다.
제아무리 선한 행위라도 측은지심(惻隱之心)의 대상이 되어 눈
에 들어오는 순간 아상(我相)은 일어나게끔 되어 있고, 도와주고

싶은 마음의 인상(人相)과 무엇을 도와줄까 하는 중생상(衆生相)을 거쳐 도와줬다는 뿌듯한 마음의 수자상(壽者相)이 생기게 되면 참다운 보시가 아닌 것이다.

상(相)은 성(性)으로부터 나왔다. 하지만 상은 성이 될 수가 없다. 존재하고 있는 세계가 다르기 때문이다. 이 둘의 관계는 체(体)와 용(用)이다. 본질은 같지만 쓰임이 다르다. 즉 새어 나오기 전의 무루(無漏)일 때에는 일체가 정등(正等)하므로 구분할 것이 없지만 새어 나온 뒤의 유루(有漏)는 목적에 따라 각각의 쓰임을 달리하기에 분별작용은 당연한 결과일 수밖에 없다.

그러므로 사상(四相)의 소멸은 수행에서의 우선 과제가 되어야 한다. 무상정등정각을 이루었다 해도 사상이 소멸된 것은 아니다. 이루었다는 마음조차 갖지 말아야 완전한 소멸인 것이다. 부처님께서 말씀하시는 방편은 마음에 둔 바가 없기에 스쳐 지나가는 바람일 뿐이다.

상(相)을 일으키는 것은 바람을 멈추고 모래기둥을 만드는 일이다. 모래기둥은 말 그대로 수백만 개의 모래알들이 모여 일정한 궤도를 돌면서 만들어낸 한마디로 신기루 같은 기둥이다. 이와 같은 모래기둥이 만들어졌다는 것은 상(相)이 성(性)의 근본으로부터 벗어나 자력갱생을 선언한 것이나 다름이 없다. 하지만 모래로 만들어진 기둥이므로 영원할 수가 없다. 때가 되면 무너지게끔 되어 있어 생멸(生滅)의 수자상은 만들어질 수밖에 없다.

수자상이 생겼다는 것은 생멸에 의한 운명의 순환 고리가 만들어졌다는 표시이므로 운명을 주관하는 중생상의 출현은 필연적인 것일 테고, 그에 따른 운명을 비교하는 인상과 운명을 의식하는 아상이 생겨나게 되면서 모래기둥의 형상은 사라졌다가 나타나기를 반복하게 되는 것이다. 결국 사상(四相)을 소멸하지 않는 한 불성의 성취는 요원한 것일 수밖에 없다.

사상의 소멸을 위해 필요한 것이 불법(佛法)이다. 하지만 법이란 것도 소멸을 위한 일시적 방편일 뿐이어서 법을 의식하는 순간 법 또한 법상(法相)이 되는 것인 만큼 걸려들지 않도록 살피고 또 살필 일이다.

아상(我相)이 생기면 곧바로 아법(我法)이 만들어지고, 인상(人相)이 생기면 인법(人法)이 만들어진다. 중생상(衆生相)이 생기면 중생법(衆生法)이 만들어지고, 수자상(壽者相)이 생기면 수자법(壽者法)이 만들어진다. 법이 상을 제압하지 못하는 원인은 법 또한 물(物)의 세계에서는 쉼 없이 변한다는 데에 있다. 그러므로 불법이어도 법에 묶이면 불(佛)이 아닌 것이다.

수보리(須菩提)야 어의운하(於意云何)오 여래(如來) 어연등불소(於燃燈佛所)에 유법득(有法得) 아뇩다라삼먁삼보리부(阿耨多羅三藐三菩提不)아 불야(不也)니이다 세존(世尊)이시여 여아해불소설의(如我解佛所說義)로는 불어연등불소(佛於燃燈佛所)에 무유법(無有法)하여 득아뇩다라삼먁삼보리(得阿耨多羅三藐三菩提)니이다 불언(佛言)하사대 여시여시(如是如是)니라

해설

수보리야, 어찌 생각하느냐? 여래가 연등불 처소에서 무상정등정각의 법을 증득하였느냐? 아닙니다. 세존이시여, 제가 부처님 말씀을 이해하기로는 부처님께서는 연등불 처소에 계실 때에 무상정등정각의 법을 증득한 적이 없습니다. 부처님께서 말씀하시되 진리 중에 진리이다.

촌부풀이

그 당시 연등불로부터 부처가 되겠다는 수기를 받은 것은 이미 무아(無我)의 경지를 증득했다는 뜻이다. 그런데 다시 무상정

등정각의 증득을 묻는 까닭은 무엇인가?

수기 또는 법의를 전수받는 일은 오랜 전통이다. 석가모니부처님께서도 연등불로부터 수기를 받았듯이 수보리에게도 수기를 줄 때가 된 것 같아 과연 공부가 얼마나 되었는지 시험을 해본 것이리라.

역시 예측한 대로 때가 되었다. 수보리가 대답하기를 세존께서는 연등불로부터 무상정등정각을 증득한 법이 없다고 하였다. 이 말은 받았다는 마음을 내는 것은 곧 사상(四相)이 되는 것이므로 증득한 바 없다고 한 것이다.

강물 깊은 데가 있어 건널 때 조심하라 일렀더니만 애써 깊은 곳을 찾아 호기롭게 건너는 이가 있는가 하면 물길을 잘 살펴 얕은 곳을 찾아 건너는 이가 있다. 그런가 하면 별 관심이 없다는 듯 예정대로 건너는 이도 있다. 과연 어떤 자가 지혜롭게 건너는 것일까?

아마도 두 번째일 것이다. 왜냐하면 말하는 사람과 듣는 사람의 마음이 통했기 때문이다. 이른바 상(相)이라는 것은 대상을 의식함으로써 일어나는 일종의 돌발적 또는 계획에 의한 현상이므로 대상이 사라지거나 통하게 되면 연기처럼 사라지게끔 되어 있다. 그래서 지혜로운 자는 혜안으로 남의 생각을 헤아리는 법을 익혀 시비를 멀리한다고 하였다.

수보리(須菩提)야 실무유법(實無有法)하여 여래득아뇩다라삼먁삼
보리(如來得阿耨多羅三藐三菩提)니 수보리(須菩提)야 약유법(若有法)
하여 여래득아뇩다라삼먁삼보리자(如來得阿耨多羅三藐三菩提者)인
댄 연등불(燃燈佛)이 즉불여아수기(即佛與我授記)하사대 여어내세
(汝於來世)에 당득작불(當得作佛)하여 호석가모니(號釋迦牟尼)언마
는 이실무유법(以實無有法)하여 득아뇩다라삼먁삼보리(得阿耨多羅
三藐三菩提)일세 시고(是故)로 연등불(燃燈佛)이 여아수기(與我授記)
하사 작시언(作是言)하사대 여어내세(汝於來世)에 당득작불(當得作
佛)하여 호석가모니(號釋迦牟尼)라하시니라

해설

수보리야, 여래가 실로 무상정등정각의 법을 증득한 적이 없
도다. 수보리야, 만약에 여래가 무상정등정각의 법을 얻었다면
연등불께서 내게 수기하기를 다음 세상에서 부처가 되리라 하시
면서 이름을 석가모니라고 하지 않았을 것이다. 그런데 실로 무
상정등정각의 법을 증득한 적이 없었으므로 연등불께서 수기하
시기를 네가 다음 세상에 부처가 되리라 하시고 이름을 석가모
니로 부르게 하셨느니라.

촌부풀이

노자 도덕경(道德經)의 첫 장을 보면 도가도비상도(道可道非常道) 명가명비상명(名可名非常名)이라고 하였다. '도'라고 하는 '도'는 영원한 '도'가 아니요, 이름이 있는 것은 영원한 이름이 될 수가 없다는 뜻이다. 왜냐하면 '도'를 말하는 순간 '도'는 분석의 대상이 되기 때문이다. 마찬가지로 진리를 말하는 순간 진리 또한 분석의 대상이 되므로 더 이상 진리가 아니며, 법 또한 시행이 되는 순간 법이 아니다.

사상(四相)의 시작이 자성의 뿌리로부터 뻗어 나왔기는 하나 땅 위로 모습을 드러낸 것은 말과 문자 때문이오, 여러 갈래 가지와 가지마다 주렁주렁 달린 열매는 치우친 생각과 집착의 모양인데 어디서 진리를 찾을 것이며 어디서 법의 정의를 세울 것인가.

만약 부처님께서 무상정등정각의 법을 증득했노라, 하셨다면 그것은 이미 땅 위로 사상의 가지가 뻗어 나온 것이 되므로 연등불께서 수기를 해주실 까닭이 없다. 하지만 수기를 받기 이전에 이미 무상정등정각의 법을 증득하여 구경무아(究竟無我)의 이치를 지혜로써 깨우치시고 흔들림 없는 중도(中道)를 성취하셨기에 다음 생에 부처가 되리라 수기하시고 이름을 석가모니라 부른 것이다. 그러나 이 또한 이름하여 석가모니라고 하는 것인즉 무아(無我)의 세계가 이름하여 그렇다는 것이고, 무아의 이치가 이름하여 그렇다는 것이다. 무상정등정각을 증득하였음에도 증득한 바 없다고 한 것이 그 예(例)다. 만약 무아의 이치를 깨우치지 못하였으면 무상정등정각의 법을 증득하였다,라고 말했을 것이다. 왜냐하면 사상에서 벗어난 것이 아니기 때문이다.

색(色)이 공(空)한 것은 상(相)으로 인해 '나'라고 할 것이 없음이다. 하지만 공이 색인 것은 '나'라고 할 것이 없으므로 상(相)인 것이다. 그러므로 '나'는 곧 상(相)인 것이다.

과연 누가 무상정등정각을 증득하였는가?

모르는 일이다. 하늘도 모른다 하고, 땅도 모른다 하고, 바람을 붙잡고 물어도 모른다 하고, 날아가는 새를 붙잡고 물어도 모른다 하니 아무래도 알면 안 되는 일인가 보다.

하이고(何以故)오 여래자(如來者)는 즉제법여의(即諸法如義)니 약유인(若有人)이 언여래득아뇩다라삼먁삼보리(言如來得阿耨多羅三藐三菩提)라하면 수보리(須菩提)야 실무유법(實無有法)하여 불득아뇩다라삼먁삼보리(佛得阿耨多羅三藐三菩提)니라 수보리(須菩提)야 여래소득아뇩다라삼먁삼보리(如來阿耨多羅三藐三菩提)는 어시중(於是中)에 무실무허(無實無虛)니라 시고(是故)로 여래설일체법(如來說一切法)이 개시불법(皆是佛法)이라하나니라 수보리(須菩提)야 소언

일체법자(所言一切法者)는 즉비일체법(卽非一切法)일세 시고(是故)로 명일체법(名一切法)이니 수보리(須菩提)야 비여인신장대(譬如人身長大)니라

해설

왜냐하면 여래란 모든 법이 같다는 뜻이다. 만약에 어떤 사람이 말하기를 여래께서 무상정등정각을 증득했다 하더라도 수보리야, 부처는 무상정등정각의 법을 증득한 적이 없노라. 수보리야, 여래가 증득한 무상정등정각에는 있음도 없고, 없음도 없기 때문이니라. 그러므로 여래께서 증득한 법이 다 불법이라 하노라. 수보리야, 일체법이라고 말하는 바가 실은 일체법이 아니고 이름만 일체법이니 그래서 수보리야, 사람의 몸이 큰 것에 비유를 한 것이다.

촌부풀이

여래(如來)는 모든 법에서 여여(如如)하다 하였는즉 무위(無爲)로서의 차별이 없다는 것이다. 제법여의(諸法如義)라 함은 모든 법에

서 투명하다는 뜻으로 육진(六塵)에 물들지 않은 불변의 맑은 성품을 가리킨다. 하지만 음욕(淫慾)의 뿌리 또한 진여(眞如)의 성품인 줄도 알아차려야 한다.

하늘이 맑은 것은 태고 적부터 그런 것이다. 또한 맑은 하늘에 이 구름 저 구름 몰려왔다 사라지는 것도 태고 적부터 그런 것이다. 구름이 끼었다 하여 하늘이 흐려진 것도 아니고, 구름이 걷혔다 하여 하늘이 맑아진 것도 아니다. 태고 적부터 하늘은 구름과 상관없이 늘 맑았고, 억겁의 시간이 흐른 뒤에도 늘 맑을 것이다.

무상정등정각의 증득이란 이런 진여의 이치를 혜안으로 깨닫는 것이다. 그러므로 무상정등정각을 이룬 이는 거센 바람이 불어도 늘 고요하고 평온하여 분간할 것이 없고, 판단할 것이 없다. 분노할 마음도 슬퍼할 마음도 없다. 이런 자에게 감히 무엇을 말하겠는가. 인정하는 일조차 경솔한 짓이다.

만약에 어느 이가 여래를 가리켜 무상정등정각을 이루었다고 한다면 여래는 중생의 신분에서 깨달음을 얻어 무상정등정각을 이룬 것이 되므로 크게 잘못된 일이다. 여래는 중생과 상관없이 부처다. 그래서 무실무허(無實無虛)로써 무상정등정각을 이루었다 하셨으니 굳이 말하자면 이름뿐인 것이다.

삼라만상에는 각각의 특징과 삶을 지탱하는 방법이 있기에 나름마다 지켜야 할 법이 있겠으나 본래의 성품마저 다른 것은 아니므로 일체를 가리켜 불법이라 해도 틀린 말은 아니다. 하지만 불법은 불법이 아니고, 일체법은 일체법이 아니다. 왜냐하면 법은 방편에 불과하기 때문이다. 법을 통하여 모든 이치를 깨우쳤으면 차별할 까닭이 없기에 오직 불(佛)만 있어야 마땅하고, 법을 얻어 일체가 평등해졌으면 더 이상 분별할 이유가 없어졌으므로 일체만 있어야 마땅하다.

또한 일체법을 사람의 큰 몸에 비유한 것은 사람만큼 사상(四相)이 두터운 생명체가 없기 때문이다. 그러므로 법상(法相)을 소멸하지 못한 탓에 얻어진 색신(色身)이 큰 것이라고 해도 맞는 말이고, 법상을 소멸한 법신(法身)이 크다고 해도 맞는 말이다. 하지만 이름하여 일체법이라고 했으니 법신으로서 큰 몸이라고 해야 통할 것 같다.

수보리언(須菩提言)하되 세존(世尊)이시여 여래설인신장대(如來說人身長大)는 즉위비대신(即爲非大身)일세 시명대신(是名大身)이니이다 수보리(須菩提)야 보살(菩薩)도 역여시(亦如是)하여 약작시언(若作是言)하되 아당멸도무량중생(我當滅度無量衆生)이라하면 즉불명보살(即不名菩薩)이니 하이고(何以故)오 수보리(須菩提)야 실무유법(實無有法)일세 명위보살(名爲菩薩)일러니라 시고(是故)로 불설일

체법(佛說一切法)이 무아무인무중생무수자(無我無人無衆生無壽者)라
하니라

해설

수보리가 아뢰기를 세존이시여, 여래께서 몸이 크다 말씀하신
것은 큰 몸이 아니오라 이름하여 큰 몸이라 했을 뿐입니다. 수보
리야, 보살도 다르지 않다. 내가 한량없이 많은 중생을 제도하였
다 말하는 이가 있다면 그는 보살이 아닌 것이다. 왜냐하면 수보
리야, 실은 보살이라 이름할 법이 없느니라. 그러므로 부처님께
서 말하기를 일체법에는 사상이 없다 하신 것이다.

촌부풀이

보살이란 무엇인가? 자비희사의 마음으로 중생을 교화하여
구제하기를 서원한 사람이다. 하지만 이러한 보살도 중생 제도
의 마음을 드러내는 한 참다운 보살이 아니라고 말한다. 보살이
란 그 어떤 진리(법)도 마음에 두지 않아야 한다. 그저 산을 보면
산이고 물을 보면 물일뿐이다. 그 어떤 것이든 의미를 두어서는

안 된다. 무엇이든 있다고 해도 잘못된 것이고 없다고 해도 잘못된 것이다.

중생을 구제하는 데에 있어 그와 같은 마음을 내었다면 무엇보다 '나'(我)라는 것이 걸림이 된다. 누가 구제하는 것인가? '나'다. 누구를 구제하는 것인가? 무지한 중생(衆生)이다. 그럼 '나'와 중생의 관계는 어떻게 되는 것인가? 만약에 같다고 하면 때 묻은 이가 때 묻은 자를 구제하겠다고 나선 꼴이니 우스운 일일 테고, 다르다고 하면 보살과 중생의 관계라는 것인데 마음을 낸 것부터가 중생임을 감안하면 보살인 것은 거짓이 된다. 물론 보살만 중생을 구제하라는 법은 없다. 중생도 중생을 구제할 수 있다. 하지만 평등할 수가 없다. 언제나 선택에 따른 차별이 있기 마련이다. 왜냐하면 분별의 상(相)이 있기 때문이다. 이것은 늘 문제를 일으키고 시비의 원인이 된다. 그러므로 구제를 하였다 해도 끝내는 구제를 한 것이 아닌 게 된다.

참다운 구제는 구제를 했어도 구제한 바 없는 것이다. 따라서 이를 위해서는 무엇보다 상을 소멸시켜야 하는데 무상정등정각심의 증득이 유일한 묘책이다. 보살이란 누구인가? 무상정득정각심을 증득한 존재다. 하지만 진정으로 참다운 보살이라 함은 무상정등정각을 증득한 존재가 아니어야 한다. 그 어떤 경우에도 마음에 드러남이 없어야 한다는 뜻이다. 때문에 부처님께서는 일체법에 사상이 없다고 하신 것이다. 일체법 그 자체에는 사상이 없지만 마음을 내면 그 순간 사상 되는 것인즉 문제는 법이 아니라 마음인 줄을 깨달아야 한다.

사실 사상의 소멸은 의도적일 수가 없다. 원한다고 해서 이루어질 수 있는 것이 아니다. 무엇보다 자아(自我)에 대한 철저한 각성(覺性)이 있어야 한다. '나'는 누구인가? 상(相)이다. 즉 내가 곧 상이고 상이 곧 나인 것이다. 따라서 상으로서의 '나'는 수많은 모래알 중의 하나이므로 주장할 것이 없다. 그럼에도 거울에 비쳐진 육신의 존재를 가리켜 '나'라고 고집하는 것은 인연에 대한 깊은 이해가 부족한 탓이다. 수많은 중생들을 모아놓고 오랜 시간 사성제(四聖諦)와 십이인연(十二因緣), 팔정도(八正道)의 불법으로 교화를 시키지만 알아듣고 깨우치는 이가 적은 것은 끝내 '나'를 버리지 못한 탓이다.

수보리(須菩提)야 약보살(若菩薩)이 작시언(作是言)하되 아당장엄불토(我當莊嚴佛土)라하면 시(是) 불명보살(不名菩薩)이니 하이고(何以故)오 여래설장엄불토자(如來說莊嚴佛土者)는 즉비장엄(即非莊嚴)이요 시명장엄(是名莊嚴)일새니라 수보리(須菩提)야 약보살(若菩薩)이 통달무아법자(通達無我法者)는 여래설명진시보살(如來說名眞是菩薩)이니라

해설

수보리야, 만약에 보살이 말하기를 내가 불국토를 장엄하리라고 한다면 그것은 보살이라 말할 수가 없도다. 왜냐하면 여래가 말하는 불국토의 장엄은 이름뿐인 장엄이기 때문이다. 수보리야, 만약 보살이 나 없음의 진리에 통달하였다면 여래가 참된 보살이라 하였을 것이다.

촌부풀이

무아(無我)의 증득을 불국토의 장엄에 비유하였다는 것은 보살이기는 하지만 아직은 중생(衆生)의 차원을 넘어서지 못했다는 뜻이다.

불국토는 만들어진 장소가 아니다. 처음부터 찬란했고, 지극히 고요한 곳이다. 만들었다고 하면 처음의 불국토와 지금의 불국토가 다른 것인 만큼 불국토의 참뜻과는 거리가 멀다. 그러므로 장엄한 불국토란 육안으로 보는 불국토일 뿐 혜안(慧眼)으로 보는 불국토가 아니어서 이름하여 불국토일 뿐이다. 참으로 장엄하다면 불국토를 가리켜 중생들이 사는 곳이라고 해도 무방할 것이다. 왜냐하면 부처와 중생은 둘이 아니기 때문이다.

무아의 세계가 불국토라면 장엄이라는 말은 하지 말아야 한다. 만약 그런 말을 보살이 했다면 그는 무상정등정각을 올바르게 증득한 것이 아니므로 보살이라고 할 수가 없다. 참으로 증득을 한 보살이라면 무아의 이치에 대해 모를 까닭이 없을 테니 장엄이라는 말의 실수 따위는 애당초 하지 않았을 것이다. 하지만 곰곰이 생각해보면 아닐 수도 있겠다. 어쩌면 이번 분(分)의 제목이 구경무아(究竟無我)가 아니었다면 불국토의 장엄이 잘못되었음을 지적한 것에 동조를 했을지도 모를 일이다. 적어도 이전까지는 무아의 이치를 완전히 깨달을 수준이 아니었을 테니까. 오히려 무아법을 통달하여 구경에 이른 보살이었기에 불국토의 장엄을 무아의 세계로 말할 수 있었는지도 모른다.

무아법의 통달이란 무엇인가?

보리를 증득한 보살에게는 사상(四相)도 없고, 유무(有無)도 없다. 만사에 일체의 걸림이 없는데 장엄을 하였다 한들 어떻고, 장엄이 잘못되었다 한들 어떨까. 관세음보살은 육도(六道)마다 이름과 모습을 달리하고 나타나 중생 구제의 방편으로 삼았는데 하물며 무아의 세계를 불국토의 장엄이라고 한 것에 그럴만한 깊은 뜻이 없었을까.

불국토는 무아의 세계이며 진여(眞如)의 세계다. 그러므로 애써 만들고 꾸미지 않아도 언제나 밝고 청정한 곳이다. 하지만 만들고 꾸몄다 해도 불국토가 아닌 것은 아니다. 왜냐하면 어느 곳을 가든 불국토가 아닌 것이 없기 때문이다.

　나 스스로가 불국토이며 부처인데 입은 옷에 때가 묻었다 하여 부처가 아니고, 치장 좀 했다고 하여 부처가 아닐 소인가.

토막

　짐 챙기는 제자를 보며 스승이 묻는다.

　"산에서 내려가면 무엇을 할 작정인가?"

　"거기도 산입니다."

일체동관분

一體同觀分

수보리(須菩提)야 어의운하(於意云何)오 如來有肉眼不(여래유육안부)아 여시(如是)니이다 세존(世尊)이시여 여래유육안(如來有肉眼)이니이다 수보리(須菩提)야 어의운하(於意云何)오 여래유천안부(如來有天眼不)아 여시(如是)니이다 여래유천안(如來有天眼)이니이다 수보리(須菩提)야 어의운하(於意云何)오 여래유혜안부(如來有慧眼不)아 여시(如是)니이다 세존(世尊)이시여 여래유혜안(如來有慧眼)이니이다 수보리(須菩提)야 어의운하(於意云何)오 여래유법안부(如來有法眼不)아 여시(如是)니이다 세존(世尊)이시여 여래유법안(如來有法眼)이니이다 수보리(須菩提)야 어의운하(於意云何)오 여래유불안부(如來有佛眼不)아 여시(如是)니이다 세존(世尊)이시여 여래유불안(如來有佛眼)이니이다

해설

수보리야 어찌 생각하느냐? 여래에게 육안이 있느냐? 그렇습니다. 세존이시여, 여래께서는 육안이 있사옵니다. 수보리야 어찌 생각하느냐? 여래에게 천안이 있느냐? 그렇습니다. 여래께서는 천안이 있사옵니다. 수보리야 어찌 생각하느냐? 여래에게 혜안이 있느냐? 그렇습니다. 여래께서는 혜안이 있사옵니다. 수보리야 어찌 생각하느냐? 여래에게 법안이 있느냐? 그렇습니다, 세존이시여. 여래께서는 법안이 있사옵니다. 수보리야 어찌 생각하느냐? 여래에게 불안이 있느냐? 그렇습니다, 세존이시여. 여래께서는 불안이 있사옵니다.

촌부풀이

● 보는 것에 다름이 있을까?

오안(五眼)을 통칭하여 천목(天目)이라고 한다. 눈썹과 눈썹 사이 중앙에서 살짝 윗자리인 인당혈(印堂穴)에 위치하고 있으며 다르게는 마음의 눈 혹은 제3의 눈으로 불린다.

천목은 무엇을 보는가에 따라 다섯 단계의 눈으로 나누어진다. 제일 밑의 단계가 육안(肉眼)이다. 몸에 달린 눈이라는 뜻인데 말 그대로 사물을 분간하는 원시적인 눈이다. 하지만 모든 마음의 처음 분별이 이 눈을 통해 시작되므로 마음의 집착과 간섭을 배제한 채 맑고 밝은 성품으로 있는 그대로를 볼 수 있다면 불안(佛眼)이라 한들 다를 까닭이 있을까.

천안(天眼)은 먼 곳까지 볼 수 있는 눈을 말하는데 늘 곁에 있어도 그 속은 깊고 깊어 그 끝을 알 길이 없기에 천리안(千里眼)이라고도 하며 심안(心眼)이라고도 한다. 다르게는 영혼의 존재를 볼 수 있다 하여 영안(靈眼)이라고도 한다. 이렇듯 보지 못할 곳이 없기는 하지만 미물을 포함한 일체 중생의 미혹함과 어리석음도 함께 볼 수밖에 없어 늘 연민의 마음을 일으키게 하는 눈이기도 하다.

각성(覺性)의 눈을 혜안(慧眼)이라고 한다. 천안이 감각과 감정의 지배를 받고 있다면 혜안은 깨달음의 지혜를 얻어 육진으로 인한 번뇌와 사상(四相)으로부터 벗어나는 기회를 구하기는 했으나 법상(法相)까지 벗어난 것은 아니다.

법상에서 벗어나기 위해서는 말 그대로 법안(法眼)이 필요하다. 법안을 얻으면 비로소 법으로부터 자유로워지면서 제법무아(諸法無我)의 이치를 증득하게 된다. 하지만 이 또한 완전한 것은 아니다. 법안으로 법상을 벗어났다 해도 법에 의한 상(相)을 벗어났을 뿐, 법 자체를 벗어난 것은 아니기 때문이다. 아직은 법을 말함으로써 법에 대한 미세한 분별이 남아 있다는 뜻이다. 이것마저 벗어나기 위해서는 불안(佛眼)이 있어야 한다. 불안이란 불법을 보는 눈이며 일체동관(一體同觀)의 눈이어서 참다운 공안(空眼)인 것이다.

오안(五眼)에 대한 구분은 성문(聲聞)의 4과(果)와도 비교가 된다. 육안은 중생의 눈으로 다른 눈이 있는지조차 모른다. 천안이 열리면 구도자로서의 입문이 허락되는 단계로 이를 수다원과를 얻었다는 뜻이다. 혜안이 열리면 일왕일래(一往一來)의 사다함과와 불왕래(不往來)의 아나함과를 증득한 것이고, 법안이 열리면 번뇌 소멸의 아라한과를 성취한 것이지만 불안을 얻기까지는 보살행으로써 삼승(三乘)으로서 일승(一乘)의 과를 증득하지 못한 부족함이 있다.

눈은 보는 것이다. 그리고 오안(五眼)은 보는 것의 경계를 나타낸다. 사실 불안(佛眼)을 제외한 다른 네 개의 눈은 색(色-물질)의 세계에서만 통용이 되는 눈이다. 따라서 똑같은 사물과 마음을 봐도 보는 사람의 느낌과 판단은 언제나 각양각색일 수밖에 없다. 혜안이 열려 지혜를 얻었다 해도 쓰임의 방편마다 다르게 나타나는 것도 이 때문이오, 색(色)의 세계가 공(空)한 것도 바로 이 때문이다. 텅 비어서 공한 것이 아니라 이것이다 할 것이 없어 공한 것이다.

몸과 마음의 경계에서 벗어나려면 법안(法眼)이 열려야만 한다.

물질세상이 겉으로 보기에는 마구 뒤엉켜 무질서해 보이는 것 같지만 실은 연기(緣起)에 의한 인과법(因果法)으로 촘촘히 질서 있게 엮어져 있기 때문이다. 크게는 우주요, 가까이는 자연의 법칙이 있고, 가장 기본적인 것이 규칙적인 생멸(生滅)의 순환이다. 그러므로 법안이 열리지 않는 한 사상(四相)은 물론 법상(法相)으로부터 벗어날 길이 없다.

천안(天眼)이 열리면 비로소 다른 세계가 있음을 깨닫게 된다. 죽음 이후에도 세계가 있으며 영원불변의 세계가 있음도 알게 된다. 그런데 이 모든 것이 다 육안(肉眼) 속에 감춰져 있다는 것이다. 불안(佛眼) 또한 없는데 생긴 것이 아니라 어둠 속에 감춰져 있던 게 드러나는 것이다.

수보리(須菩提)야 어의운하(於意云何)오 여항하중소유사(如恒河中所有沙)를 불설시사부(佛說是沙不)아 여시(如是)니이다 세존(世尊)이시여 여래설시사(如來說是沙)니이다 수보리(須菩提)야 어의운하(於意云何)오 여일항하중(如一恒河中) 소유사(所有沙)하고 유여시사등(有如是沙等) 항하(恒河)어든 시제항하(是諸恒河) 소유사수(所有沙數)의 불세계 (佛世界) 여시(如是)하면 영위다부(寧爲多不)아 심다(甚多)니이다 세존(世尊)이시여

해설

수보리야 어찌 생각하느냐? 저 항하의 수많은 모래를 여래가 말한 적이 있느냐? 그렇습니다. 여래께서는 항하의 모래에 관하여 말씀하셨습니다. 수보리야 어찌 생각하느냐? 저 항하의 수많은 모래만큼의 많은 항하가 또 있고, 그런 항하의 수많은 모래만큼의 불세계가 있다면 어찌 많지 않겠는가? 세존이시여, 심히 많사옵니다.

촌부풀이

부처님의 세계는 오직 하나뿐이지만 중생의 세계가 항하의 모래알만큼이나 많다고 하면 불국토 또한 중생의 모래알 숫자만큼 많을 수밖에 없다. 왜냐하면 불국토가 곧 중생의 마음이기 때문이다.

부처란 무엇인가? 깨달으신 분이다. 그러나 누가 깨달은 것인가 묻는다면 중생이면서 부처다. 어디서 깨달은 것인가? 이 또한 중생의 세계이면서 부처의 세계다. 따라서 불국토가 곧 중생의 세계인 것이다. 마찬가지로 중생이 깨닫지 못했다 하여 불국토가 사라지는 것은 아니다. 깨달았다 해도 불국토이고 깨닫지 못했다 해도 불국토다. 하지만 중생들이 부정하고 나선다. 말도 안 된다는 것이다. 중생들은 겸손한 것이 아니라 어리석다. 사내 구실 못한다고 사내가 아니고, 아기를 낳지 못한다고 여자가 아닐까. 하지만 고집은 완강하다. 그러면서 모두가 주인인 땅을 자기 땅이라고 우기면서 문서를 만들어 쪼개 가진다. 항하의 모래 알만큼이나.

그 덕에 불국토는 색(色)의 세계, 상(相)의 세상이 되어버렸다. 이제 여래께서 그와 같은 사실을 깨우쳐주시고 바로 잡아 주신 것이다. 하지만 믿지를 않는다. 망념이 오안(五眼)을 가리고 있기 때문이다. 겨우 육안(肉眼)만을 뜬 채 사물을 분별하고 있을 뿐이다. 그러면서 먹지 못해 괴로워지고, 자지 못해 괴로워하고, 입지 못해 괴로워하고, 사촌이 땅 살까 봐 괴로워하고, 병들어 죽을까 봐 괴로워한다. 이것을 번뇌장(煩惱障)이라고 하면 배우지 못해 괴롭고, 신분이 낮아 괴롭고, 대접을 못 받아 괴롭고, 무시당할까 봐 괴롭고, 가난하게 사는 게 괴로운 것이 소지장(所知障)이다. 이렇듯 중생은 망념으로 인한 이 두 가지 장애에 갇혀 고통을 자초하지만 남을 탓하고, 세상을 원망한다.

여래께서 항하의 모래 수만큼 불국토가 있음을 말씀하신 까닭이 무엇인가? 정말 이 세상에 그만큼의 불국토가 있는 것인가?

부처의 세계는 일승(一乘)의 세계인즉 다른 무엇이 있을 까닭이 없다. 하지만 생각이 나누어져 만법의 세상이 되었으니 불국토 또한 만 가지 세상인 것은 당연한 이치다. 사람들은 만 가지의 세계가 있다면 그것이 중생의 세상이지 어째서 불국토인가 하며 어리둥절해 한다. 대한민국 땅덩어리를 지역마다 구역마다 쪼개고 이름을 달리하였다 해서 대한민국 땅이 아닌 것은 아니지 않을까. 본래의 세상이 불국토 아닌 것이 없는데 만법의 세상이 되었다 한들, 두더지가 땅을 파고 살든, 돈 많은 부자가 돈 자랑하면서 살든, 잘난 놈이 못나게 살든, 못난 놈이 잘난 척하며 살든 불국토가 아닌 것은 아니다.

그런즉 어리석음이란 무엇인가? 왜 어리석은지를 모르는 것이 제일 큰 어리석음이요, 어리석은 줄 알아차리려도 벗어나려고 하지 않는 것이 두 번째 어리석음이라면 자신의 어리석음은 인정하지 않은 채 타인의 어리석음을 측은하게 여기는 것이 세 번째 어리석음이다.

중생이란 무엇인가? 못 배운 자도 아니고, 가난하게 사는 자도 아닌 바로 어리석은 자이다. 부처님께서 앞에서는 오안(五眼)을 말씀하시다가 이번 분(分)에서는 수많은 불국토를 말씀하신 까닭이 무엇일까? 항하의 모래알만큼이나 눈뜬장님의 수가 그만큼 많은 것을 보았기 때문이다.

불고수보리(佛告須菩提)하사대 이소국토중(爾所國土中)에 소유중생(所有衆生)의 약간종심(若干種心)을 여래실지(如來悉知)하나니 하이고(何以故)오 여래설제심(如來說諸心)은 개위비심(皆爲非心)이요 시명위심(是名爲心)일새니 소이자하(所以者何)오 수보리(須菩提)야 과거심(過去心) 불가득(不可得)이면 현재심(現在心) 불가득(不可得)이며 미래심(未來心) 불가득(不可得)이니라

해설

부처님께서 수보리에게 말하시기를 이 국토 중에 있는 모든 중생의 온갖 마음을 여래가 다 알고 있다. 왜냐하면 여래가 말하는 모든 마음은 마음이 아니라 그 이름이 마음이기 때문이다. 이유를 말하자면 수보리야, 과거의 마음도 얻을 수 없고, 현재의 마음도 얻을 수 없으며 미래의 마음도 얻을 수 없는 까닭이다.

촌부풀이

부처의 마음은 일승(一乘)이며 일법(一法)이다. 반면 중생의 마음은 만심(萬心)이며 만법(萬法)이다. 하지만 이 둘의 마음은 다르지

않다. 일법으로부터 파생되어 나온 것이 만법이기 때문이다. 그래서 부처는 온갖 중생의 마음을 다 알고 계시다는 것이다. 하지만 그런 이유만 있는 것은 아니다. 중생의 마음이란 실은 오온과 육진으로부터 비롯된 망념의 조각들이다. 망념이란 상상이다. 상상이 현실화가 되기 위해서는 집요한 집착이 필요하다. 집착 또한 허상(虛相)이다. 그러므로 하나의 실상을 뺀 나머지 만심은 다 허상인 것이다.

허상은 상상이다. 이것은 상징물 또는 상징성을 통해 현실화되는데 비록 물질의 형상을 이루었다 해도 허상이므로 성주괴공(成住壞空)의 순환 법칙에 따라 때가 되면 티끌로 되돌아갈 수밖에 없다. 때문에 물질계를 가리켜 무상(無常)의 세계라고 하는 것이다.

허상이 실상(實相)이 되는 경우는 없다. 딱 한 가지 예외가 있으니 다름 아닌 믿음이다. 중생들에게 믿음을 심어주기 위해서는 법이 필요하다. 물론 이 법도 끝내는 상(相)의 한계에 걸려 소멸의 대상이 되어버리지만 방편으로 쓰기에 이만한 것이 없다.

부처님께서 펼쳐 보이신 무상정등정각과 보살행의 성취 비법(秘法)도 집착하면 법상이 되는 것이겠으나 일승(一乘)의 법이자 실상(實相)의 진법(眞法)이므로 해당 사항이 없다.

실상을 보면 중생의 비밀스러운 눈이 열린다. 천안(天眼)으로 땅끝까지 펼쳐져 있는 불국토가 보이고, 혜안(慧眼)이 열리면서 망념의 티끌을 보게 된다. 그리고 법안(法眼)마저 열리면 마음이 분별의 조각들임을 깨닫게 된다. 그러나 눈이 열리는 것에 특별한 묘법이 있는 것은 아니다. 그저 마음에 달려 있다.

부처님께서 자비를 베풀어 마음이란 본래 없음을 말씀하신다. 과거의 마음은 이미 지나간 것이라 붙잡을 수가 없고, 현재의 마음은 있어도 있는 줄을 몰라 붙잡을 수가 없고, 미래의 마음은 아직 오지를 않아 붙잡을 수가 없는 만큼 마음은 있어도 없는 것이니 그냥 놔두면 있는 듯 없는 듯 바람처럼 지나가 버린다. 그러다가 때가 되어 불안(佛眼)이 떠지면 자연스레 적정(寂靜)의 경지에 들어서게 되고, 제심(諸心)이 망심(妄心)인 줄을 반야로써 깨우치면서 진심(眞心)을 보게 되는 것이다, 라고.

토막

버스를 타고 맞선보러 가는 길이다. 어머니가 소 키우는 아들에게 묻기를,

"여자를 보면 뭐부터 봐야 한다고 그랬지?"

아들은 속삭이기를,

"당연히 이빨이죠."

법계통화분

法界通化分

수보리(須菩提)야 어의운하(於意云何)오 약유인(若有人)이 만삼천대천세계칠보(滿三千大千世界七寶)로 이용보시(以用布施)하면 시인(是人)이 이시인연(以是因緣)으로 득복다부(得福多不)아 여시(如是)니이다 세존(世尊)이시여 차인(此人)이 이시인연(以是因緣)으로 득복(得福)이 심다(甚多)니이다 수보리(須菩提)야 약복덕(若福德)이 유실(有實)인댄 여래불설(如來不說) 득복덕다(得福德多)언마는 이복덕무고(以福德無故)로 여래설득복덕다(如來說得福多)니라

해설

수보리야, 어찌 생각하느냐? 만약에 어떤 사람이 삼천대천세계를 가득 채운 칠보로 널리 보시를 한다면 이 사람은 이와 같은 인연으로 얻은 복이 많겠느냐? 그렇습니다. 세존이시여, 이 사람은 이와 같은 인연으로 얻은 복이 매우 많습니다. 수보리야, 만약에 복덕이 진실로 있는 것이라면 내가 복덕이 많다 말하지 않을 것이나 실은 복덕이 없으므로 많은 복덕을 얻는다 말하는 것이다.

촌부풀이

● 법계의 교화라

무릇 보시(布施)에 대한 복덕은 애써 바라거나 계산하지 않아도 참으로 많다. 하지만 그 복덕이 인연에 의한 유위(有爲)의 것이라면 실로 부질없는 짓이다. 왜냐하면 상(相)을 짓는 일이기 때문이다.

사람들은 의도하지 않아도 주는 만큼 받는 것이 세간의 순리라고 말한다. 그런가 하면 보시의 공덕에 따라 그 값을 저울질하기도 한다. 만약 법을 베풀고 밥을 공양받았으면 그 복은 작은 것인가? 반대로 밥을 보시했는데 그 공덕으로 법을 공양받았으면 그 복은 크다,라고 말할 수 있는 것인가? 실은 이 모두가 마음먹기에 달린 문제일 뿐, 보시와는 상관없는 일이다. 오히려 베풀었다는 사실조차 모를수록 참다운 것이라 할 수 있다. 하지만 사람들은 드러내기를 좋아하고, 값을 매겨 차별하기를 즐겨한다. 왜냐하면 중생의 삶이 인연으로 얽혀져 있기 때문이다. 그러므로 인연의 값이 곧 '나'의 삶이 되는 셈이다.

값을 다르게 표현하면 업(業)이다. '나'는 누구인가? 업이다. 삼천대천세계를 가득 채울만한 보시를 했다 해도 그 공덕이 드러나 값이 매겨지면 업이 된다. 물론 선업(善業)으로서의 그에 상응하는 복덕의 값은 주어지겠으나 그 값이 다하면 다시금 '나'로 태어나 업장소멸의 작업을 수행해야 한다. 따라서 유위(有爲)의 인연으로 보면 복덕의 많고 적음은 언제나 시빗거리가 될 수밖에 없다. 그런 까닭에 부처님께서 수많은 보물로 보시를 한 복덕의 값을 물었을 때 수보리는 많다고 한 것이다. 왜냐하면 무위(無爲)의 법으로 관찰하면 그 값은 아무런 문제가 되지 않기 때문이다. 그러나 최상근기자에게는 당연한 일일지 모르겠으나 아직 근기가 부족한 중·하근기의 수행자에게는 큰 숙제일 수도 있는 일이다. 사실 복의 값이란 없을수록 수승한 것이오, 있을수록 하열한 것이다. 하지만 유위의 공덕이 없다면 무엇으로 무위를 과(果)를 증명할 것인가. 또한 하열하다 하여 유위의 복을 무시한 채 무위의 이치만을 좇아간다면 자칫 구두선(口頭禪)으로 치부될지도 모를 일이다. 그런즉 유위의 복덕이라 하여 가벼이 여기지 말고 무위의 이치라고 하여 무조건 좇을 일도 아니다.

함께 닦아나가는 것이 중도(中道)의 법이다. 이분법의 세상에서 하나만을 닦는다면 얻을 수 있는 것은 반쪽일 뿐이다. 뜻을 모아 기둥을 세우지 않고 법륜만을 굴린다면 겁의 세월을 노력한다 해도 모래성만 쌓게 될 뿐이오, 기둥 세우기만을 고집하며 법륜 굴리기를 외면한다면 뼈대만 있고 살이 없는 모습인지라 괴물을 보는 것과 무엇이 다를까.

토막

제자가 묻는다.

"죽으면 어찌 되는 겁니까?"

"사나흘 큰비가 온다 하니 지붕 좀 손봐야겠다."

이색이상분

離色離相分

수보리(須菩提)야 어의운하(於意云何)오 불(佛)을 가이구족색신(可以具足色身)으로 견부(見不)아 불야(不也)니이다 세존(世尊)이시여 여래(如來)를 불응이구족색신(不應以具足色身)으로 견(見)이니이다 하이고(何以故)오 여래설구족색신(如來說具足色身)이 즉비구족색(即非具足色身)이요 시명구족색신(是名具足色身)일새니이다

해설

수보리야, 어찌 생각하느냐? 가히 구족된 색신으로 부처를 볼

수 있느냐? 아니옵니다. 세존이시여, 구족된 색신으로는 응당 여래를 볼 수 없습니다. 왜냐하면 여래께서 말씀하신 구족된 색신은 구족된 색신이 아니라 이름하여 구족된 색신이라 할 따름입니다.

촌부풀이

● 무엇이 색과 상에서 벗어남인가?

색신(色身)이란 32상 80종호를 갖춘 화신(化身)을 말한다. 하지만 이것으로는 부처님의 모습을 볼 수 없다고 하였다. 왜냐하면 상(相)이 있는 한 법신의 여래를 보는 일은 불가능하기 때문이다.

사실 구족색신(빠짐없이 잘 갖추어 있는 형상)은 완벽한 존재임을 보여주기 위한 세간의 표현에 지나지 않는다. 그러므로 조(造-육안으로 살피는 것)로써 살피는 것은 가능해도 관(觀)으로써의 통(通)은 불가능하다. 직관(直觀)을 통한 구족색신이란 겉으로 보이는 화신(化身)뿐만이 아니라 내면으로도 참된 화신이어야 한다.

내면의 참된 화신이란 무엇을 말하는 것인가? 바로 청정(淸淨)함이다. 탁하고 오염되어 있어도 32상을 갖출 수는 있다. 왜냐하면 화신이란 실상을 증거 하기 위한 하나의 방편일 뿐 법신(法身)이 아니기 때문이다. 화신이 겉만 아니라 내면까지 완전한 화신으로서 법신의 면모를 갖추려면 색(色)은 물론이고 상(相)에서도 벗어나야 한다.

이색(離色)은 32상을 갖추면 되는 일이지만 이상(離相)까지 이루려면 어떻게 해야 하는 것인가? 무주상(無住相)이 되어야 하며, 무주상이 되려면 반야바라밀법을 완성해야만이 가능하다. 그중에서도 세간의 정(情)을 끊어내는 선정(禪定)과 미혹을 소멸하여 참된 깨달음의 경지에 다다를 수 있는 지혜(智慧)바라밀은 반드시 거쳐야 하는 필연적 과정이다.

법상(法床) 뒤로 가부좌 틀고 앉아 자비로운 미소 머금고 있는 화신의 부처님 모습을 보며 삼배를 올리고, 곡물을 공양하는 것도 나름 섬기는 것이다마는 내면의 청정함을 닦지 않고, 반야밀법의 완성을 멀리한다면 육안으로 보는 화신은 개인의 복을 비는 한낱 사물(私物)에 불과할 뿐이다.

수보리(須菩提)야 어의운하(於意云何)오 여래(如來)를 가이구족제상(可以具足諸相)으로 견부(見不)아 불야(不也)니이다 세존(世尊)이시여 여래(如來)를 불응이구족제상(不應以具足諸相)으로 견(見)이니이다 하이고(何以故)오 여래설제상구족(如來說諸相具足)이 즉비구족(即非具足)으로 시명제상구족(是名諸相具足)일새니라

해설

수보리야, 어찌 생각하느냐? 여래를 구족한 상만으로도 볼 수 있겠느냐? 아니옵니다. 세존이시여, 구족한 색상만으로는 여래를 볼 수 없습니다. 왜냐하면 여래께서 말씀하신 구족한 상은 구족이 아니라 이름하여 구족한 상이기 때문입니다.

촌부풀이

구족제상(具足諸相)이란 불교에 처음 입문을 한 자이거나 근기가 낮아 미혹에 쉽게 빠질 위험이 있는 자들을 위한 일종의 횃불과 같은 형상일 뿐, 근기가 높아지고 신심이 두터워져 마음에 불법의 참다운 뿌리가 내리면 지체 없이 버려야 할 일이다.

버린다는 것은 무엇인가? 사상(四相)에 걸려들지 않는 것을 말함이다. 그런즉 사상에서 벗어난 구족제상은 법신이자 화신이지만 사상을 품고 있는 구족제상은 법신도 아니고 화신도 아닌 것이다.

여래는 무상법신(無相法身)이다. 그러므로 가르침을 위한 방편으로 불리울 수는 있어도 육안으로 볼 수 있는 존재가 아니다. 반야밀법으로 청정행을 닦아 혜안을 얻으면 비로소 보이는 것이 여래법신이다. 하지만 법신(法身)을 이루었다 하여 달라질 것은 없다. 이미 텅 빈 하늘인데 구름 몇 조각 끼었다고 청정함이 오염될까.

토막

제자가 묻는다.

"바람이 부는데 어찌 마음이 흔들립니까?"

"우주의 바람이 곧 마음이다."

비설소설분

非說所說分

수보리(須菩提)야 여물위여래작시념(汝勿謂如來作是念)하되 아당
유소설법(我當有所說法)이라하여 막작시념(莫作是念)하라 하이고
(何以故)오 약인(若人)이 언(言)하되 여래유소설법(如來有所說法)이
니 즉위방불(即爲謗佛)이라 불능해아소설고(不能解我所說故)일러
니라 수보리(須菩提)야 설법자(說法者)는 무법가설(無法可說)이니
시명설법(是名說法)이니라

해설

수보리야, 너는 내가 설할 법을 당연히 가지고 있을 거라는 그런 생각을 하지 마라. 왜냐하면 어떤 사람이 말하되 여래가 법을 말한 바 있다고 하면 그것은 곧 나를 비방하는 것이다. 나의 말을 잘못 이해한 때문이다. 수보리야, 법에 대해 말하는 것은 말할 법이 없음인데 이름하여 법이라고 하는 것일 뿐이다.

촌부풀이

● 무슨 법을 말할 것인가

만약 법을 말하였다고 하면 시간 밖의 수자(修者)들이 어리둥절할 일이고, 법을 말한 바 없다고 하면 시간 속의 중생들이 어리둥절할 일이다. 이유인즉슨 깨달은 자는 마음에 머무는 바가 없기에 설법 또한 머물러 있을 까닭이 없겠으나 어리석은 중생들은 귀로 듣고 마음에 묻어두기를 마치 보물 감추듯 하여 설법이 떠날 까닭이 없다. 그러므로 수자의 마음은 본래부터 텅 비어 설법을 운운한다 해도 스치는 바람을 맞는 듯 덤덤하지만 중생의 마음은 놀랍고도 신기하여 자랑을 일삼으니 도리어 설법을 비방하는 일이 될 뿐이다.

바람에 나부끼는 것이 깃발만 있겠는가. 허공에 떠다니는 것이 티끌만 있겠는가. 봄에는 꽃이 피어야 제격이고, 가을에는 단풍이 들어야 제격이듯이 때마다 보고 듣는 것이 다른 법인데 어찌 일승으로 한 획을 그어 묵언으로 대신할 것인가. 잔칫상 앞에서는 흥겹게 마시고 먹고 즐거운 시간 함께 보내는 것 또한 설법인 줄 알아야 하고, 가부좌 틀고 앉아 명상에 잠겼으면 무심으로 대하는 것이 설법인 것이다.

본래 무상정등정각을 증득하기 이전에는 근기에 따른 차별은 있는 법, 문제가 있다 하여 외면한다면 이 또한 설법이라 할 수 없는 것인즉 법신으로 침묵하고 화신으로 방편 삼아 가르침을 펴야 참다운 설법이시 않을까 싶다.

혜명(慧命) 수보리(須菩提) 백불언(白佛言)하사대 세존(世尊)이시여 파유중생(頗有衆生)이 어미래세(於未來世)에 문설시법(聞說是法)하고 생신심부(生信心不)이까 불언(佛言)하사대 수보리(須菩提)야 피비중생(彼非衆生)이며 비불중생(非不衆生)이니 하이고(何以故)오 수보리(須菩提)야 중생중생자(衆生衆生者)는 여래설비중생(如來說非衆生)이요 시명중생(是名衆生)이니라

해설

이때 혜명 수보리가 부처님께 아뢰기를 세존이시여, 많은 중생이 다음 세상에 이 법을 듣고 믿음을 낼 수 있겠습니까? 부처님이 말씀하시되 수보리야, 그가 중생이 아니며 중생이 아닌 것도 아닌즉 왜냐하면 수보리야, 중생 중생이라 하는 것은 여래가 말하기를 중생이 아니라 이름하여 중생이라고 할 뿐이다.

촌부풀이

중생이란 무엇인가? 생멸과 희노애락(喜怒愛樂)에 집착하며 괴로워하는 존재다. 수보리가 묻기를 만약 그런 중생이 미래 세상에 부처님의 설법을 듣고 과연 믿음을 가질 수 있겠습니까?라고 하자, 여래는 난데없이 중생에 대해 말하시면서 동문서답을 하고 계시다.

어찌 된 일일까 곰곰이 생각해보니 중생이 아닌 존재를 가리켜 중생이라고 했는즉 질문부터 잘못되었음을 지적하신 것이다. 그럼 중생이 아니면 누구인가? 이해를 돕기 위해 짤막한 이야기 하나를 해볼까 한다.

옛날 옛적에 낙동강 줄기를 머리에 얹고 살아가는 가야라는 부족국가가 있었다. 그 나라에는 모험을 즐겨 하는 호기심 많은 어린 왕자가 있었는데, 왕자는 늘 궁 밖의 세상이 궁금했다. 어느 날, 왕자는 변장을 하고 몰래 궁을 빠져나온 것까지는 성공을 하였으나 그만 길을 잃어버리고 말았다. 날은 점점 어두워지고, 산속을 헤매다가 지쳐 쓰러진 왕자를 마침 약초꾼이 발견하고 목숨을 구하기는 했지만 충격으로 과거의 기억을 상실해버린 왕자는 그만 약초꾼 아들이 되어 살아가는 처지가 되어버렸다.

이제 왕자는 궁에서 사람들이 나와 자신이 왕자라는 것을 확인해주기 전까지는 약초꾼 아들로 살아갈 수밖에 없었다. 다행히 이야기는 궁에서 나온 사람들에 의해 왕자임이 밝혀지면서 막을 내리고, 왕자는 궁으로 돌아갔다. 본래의 신분도 기억도 되찾았다.

그런데 문제는 약초꾼 아들로 살았던 삶이다. 수보리의 관점에서 보면 약초꾼 아들의 삶이 곧 중생이었다. 하지만 부처님한테는 중생의 삶에 정해진 것은 없었다. 왜냐하면 중생의 존재는 신분과 형상으로 알 수 있는 것이 아니기 때문이다.

이야기 속에는 부처도 없고 중생도 없다. 하지만 이분법적으로 분별을 하고 단정을 지으면 왕자는 부처가 되고, 약초꾼 아들은 중생의 신분이 되어버린다. 그래야만 이야기가 되고 인연의 고리가 엮어지기 때문이다.

부처의 삶에는 이야기가 없다. 과거도 현재도 미래도 없는데 이야기가 생겨날 까닭이 없다. 그러나 중생의 삶에는 이야기가 있다. 과거와 현재, 미래가 있기 때문이다. 그럼 약초꾼 아들로 살았던 왕자의 이야기는 누가 만들어낸 상상인가? 중생이다. 이야기 속의 왕자는 부처가 아니고, 약초꾼 아들 또한 중생이 아니다. 하지만 이야기 속으로 들어가면 중생이 되어 부처를 찾게 된다.

부처와 중생은 둘이 아니다. 하지만 둘일 때도 있다. 중생이 부처와 같으면 둘이 아니고, 중생이 부처와 같지 않으면 둘이다. 빤한 대답 같지만 여기에는 오묘함이 숨어 있다. 어느 경우든 부처는 변한 것이 없다. 중생이 변한 것이다.

무엇이 변한 것인가? 중생의 마음이다. 어떻게 변하였는가? 실은 변한 것이 없는데 이야기까지 만들어 변하고자 한 마음이 스스로 변한 것이다. 흔히 울고 웃는 것을 두고 마음이 허한 탓이라고 하지만 실은 과거와 현재, 미래에 대한 집착을 벗어나지 못한 탓으로 일으켜진 현상일 뿐이다.

그러므로 설법을 들어 깨우칠 일이 아니다. 설법은 때를 알리는 종소리에 불과한즉 이 또한 필요한 일이기는 하지만 정심(定心)을 바로 알아 삼보리(三菩提)를 증득하지 못하면 수 없는 설법을 듣는다 해도 귀만 아플 뿐이다.

토막

제자가 묻는다.

"법이란 무엇입니까?"

"번뇌다."

| 第22 |

무법가득분

無法可得分

수보리(須菩提) 백불언(白佛言)하사대 세존(世尊)이시여 불(佛)이 득아뇩다라삼먁삼보리(得阿耨多羅三藐三菩提)는 위무소득야(爲無所得耶)이니까 불언(佛言)하사대 여시여시(如是如是)니라 수보리(須菩提)야 아어아뇩다라삼먁삼보리(我於阿耨多羅三藐三菩提)에 내지무유소법가득(乃至無有少法可得)일세 시명아뇩다라삼먁삼보리(是名阿耨多羅三藐三菩提)니라

해설

　수보리가 부처님께 아뢰기를 세존이시여, 부처님께서 얻으신 무상정등정각은 얻은 것이 없는 겁니까? 부처님께서 말씀하시기를 그렇고 그렇다. 수보리야, 내가 무상정등정각뿐만 아니라 어느 것 하나 얻은 것이 없는 것을 가리켜 이름하여 무상정등정각이라 하는 것뿐이다.

촌부풀이

● 증득할 법이 없다.

　그러므로 구할 것이 없다. 산을 오르면 정상이라도 있겠으나 허공을 오르는데 과연 끝을 알 수 있을까. 만일 있다고 하면 신기루를 본 것일 테고, 없다고 하면 끝을 모르는데 없는 줄은 어찌 알 수 있는 것인가.

　무상정등정각의 증득도 알고 보면 더 이상 구할 것이 없음을 깨우친 것에 불과할 뿐, 무엇을 이루었는가? 모르는 일이다. 밤이 되면 달이 뜨고 아침이 되면 해가 뜨는 까닭을 어찌 모를 리 있을까마는 밤이 되고 달이 뜨면 불현듯 외로움에 사무쳐 그리워하는 마음 알 길 없고, 아침이 되어 해가 뜨면 불쑥 희망이 솟고 누군가 만날 것 같은 마음 알 길 없으니 아는 것이 아는 게 아니고, 모른다 하여 모르는 것도 아니다.

법(法)은 이정표와 같아서 제 몫을 다했으면 있어도 그만 없어도 그만인 것이고, 도(道)라 함은 본래 정해진 것과 한계가 없어 귀동냥으로 여기저기 그럴듯하게 찍다 보면 귀신 홀리듯 정(定)하는 것 있으니, 이것을 두고 중(中)이라 함은 무슨 까닭인가?

증득할 것이 있기에 중생이고, 증득할 것이 없으므로 부처인 것이다. 그러므로 있음의 세계에 제불(諸佛)이 있고, 없음의 세계에 오직 불성(佛性)만 있은즉 그때를 가리켜 무상정등정각이라 하는 것이다. 하지만 제불의 세계에도 무상정등정각의 지혜는 있기 마련이어서 부처의 자비심이 닿지 않는 곳 없으니 애써 가르쳐주지 않아도 봄소식 절로 아는 것 또한 무상정등정각이지 않을까 싶다.

토막

제자가 묻는다.

"어느 것이 최상승의 법입니까?"

"배고플 때 먹는 밥이 최고의 밥이다."

정심행선분

淨心行善分

부차수보리(復次須菩提)야 시법(是法)이 평등(平等)하여 무유고하
(無有高下)일세 시명아뇩다라삼먁삼보리(是名阿耨多羅三藐三菩提)니
이무아무인무중생무수자(以無我無人無衆生無壽者)로 수일체선법
(修一切善法)하고 즉득아뇩다라삼먁삼보리(即得阿耨多羅三藐三菩提)
니라 수보리(須菩提)야 소언선법자(所言善法者)는 여래설즉비선법
(如來說即非善法)일세 시명선법(是名善法)이니라

해설

또한 수보리야, 이 법이 평등하여 높고 낮음이 없는바 이름하여 무상정등정각이라 한다. 아상인상중생상수자상이 없이 선법을 닦으면 무상정등정각을 증득하게 된다. 수보리야, 여래가 말하기를 선법이란 선법이 아니라 이름하여 선법이라 말하였을 뿐이다.

촌부풀이

● 깨끗한 마음으로 닦는 선이란

정심(淨心)이란 차별 없는 마음인 평등심(平等心)을 말한다. 따라서 무상(無上)이어야 하고, 원만한 깨달음을 얻기 위해 갖추어야 할 마음가짐인 것이다.

평등한 마음을 가진 이에게는 사상(四相)이 없고, 사상이 없으니 이를 일러 무상정등정각이라 함이다. 법을 좇되 법에 얽매이지 않아야 하고 법을 나누지도 않아야 선법(善法)이며, 착한 일을 행하되 과보를 바라지 않아야 선법이다. 하지만 선법을 의식함에 선법이다 할 수 없으니 무상정등정각을 증득한 선법이란 그저 이름뿐인 선법에 지나지 않는다. 다시 말해 사상에서 온전히 벗어나지 못한 선법은 그 행위가 제아무리 착해도 윤회의 업(業)을 넘을 수가 없다. 그러므로 차별을 먼저 없애고 비교할 대상을 지우되 그것이 선법인 줄을 몰라야 한다.

평등하다는 것은 무엇을 말하는가? 너와 나의 높고 낮음이 다르지 않음이다. 하지만 실감이 나지 않아 혼란스러울 때가 많으니 육안으로 볼 때에도 평등할 수는 없는 것인가?

높은 곳을 높은 곳으로 보고, 낮은 곳을 낮은 곳으로 보는 것이 평등함이오, 많은 것을 많은 것으로 보고 적은 것을 적은 것으로 보는 것이 평등함이다. 크기를 맞추고 수량을 맞추는 것이 평등함이 아니라 있는 그대로의 모습을 분별하지 않는 것이 평등함이다.

선법이란 곧 불법이며, 사상(四相)이 없이 닦는다 함은 보고, 듣고, 맛보고, 냄새 맡고, 느끼는 모든 것들마다 마음에 두고 선악과 호불호를 가려 담아두지 않고 바람 스치듯 흘려보내는 것이다. 그런데 이러한 닦음의 결과로 무상정등정각을 얻는다 했으니 앞전의 평등심을 행한 그 자체를 무상정등정각이라고 한 것은 무엇인가?

본래 무상(無上)이 있고, 정등(正等)이 있고, 정각(正覺)이 있다. 이 셋은 하나이면서 필요에 따라 셋으로 나뉘어 쓰이는데 설명할 필요가 없을 때에는 하나이지만 말로써 이해를 시켜야 할 때는 셋이 된다.

무상은 '아뇩다라'로서 '위가 없다'는 뜻이다. 즉 지극한 하심(下

心)이며 중심(中心)인 것이다. 다음으로 정등은 '삼먁'으로 바르고
평등한 참된 진리라는 뜻이며, 정각(正覺)은 '삼보리'로서 완벽한
지혜의 깨달음을 말한다. 이 중에서 정등의 평등심은 무상과 정
각을 포함한 정등이기에 따로 설명할 필요가 없는 아뇩다라삼먁
삼보리이지만 선법을 사상(四相) 없이 닦은 것 또한 아뇩다라삼먁
삼보리의 증득인 것이다.

사상(四相) 없는 선법이란 어떻게 닦는 것인가?

법을 의지하되 법에 매달리지 않는 것이다. 법은 강을 건널 때
필요한 뗏목일 뿐 최상의 것이어서는 안 된다. 그러므로 이루었으
면 버릴 줄 아는 것이 올바른 무상이다. 또한 법을 구하되 차별하
지 말아야 한다. 만약 높고 낮음을 의식하여 이익에 따라 쓰이게
되면 선은 곧 악이 되는 것이어서 바른 것과는 거리가 멀게 된다.
마지막으로 법은 깨달음을 위한 도구이어야 한다. 더 많은 것을
바라고 집착하게 되면 정각이 아닌 악의 추종자가 될 뿐이다.

토막

제자가 묻는다.

"마음이 깨끗할 수 있습니까?"

"그럼 깨끗할 수 없어야 마음인 것이냐?"

복지무비분

福智無比分

수보리(須菩提)야 약삼천대천세계중(若三千大千世界中)에 소유제

수미산왕(所有諸須彌山王)의 여시등칠보취(如是等七寶聚)를 유인(有

人)이 지용보시(持用布施)어든 약인(若人)이 이차반야바라밀경(以

此般若波羅蜜經)의 내지사구게등(乃至四句偈等)을 수지독송(受持讀

誦)하여 위타인설(爲他人說)하면 어전복덕(於前福德)으로 백분(百

分)에 불급일(不及一)이니 백천만억분(百千萬億分)과 내지산수비

유(乃至算數譬喩)로도 소불능급(所不能及)이니라

해설

　수보리야, 어떤 사람이 삼천대천세계 중에 수미산 왕만큼의
칠보를 가지고 널리 보를 한 것과 어떤 사람이 반야바라밀경의
사구게만이라도 지니고 외워 남을 위해 가르쳐주었다면 앞의 재
보시는 뒤의 법보시와 비교하여 볼 때 그 공덕이 백분지 일에도
미치지 못할뿐더러 백천만 억분은 물론 숫자를 다 모아도 비교
가 되지 않느니라.

촌부풀이

● 복과 지혜는 비교할 수가 없다

　세간의 보시는 복으로 가늠하고 출세간의 보시는 지혜로써 증
명된다. 베푸는 자비의 마음이야 다를 까닭이 있을까마는 그 과
(果)는 삼천대천세계 중 수미산만큼의 칠보를 보시한 것보다 금
강경 또는 그중 사구게 하나 정도만이라도 외워 가르쳐준 공덕
이 비할 바 없이 크다고 하였다.

　색신의 복이 제아무리 크다고 해도 지혜의 깨달음으로 진화를
이루는 각성(覺性)의 값에는 못 미친다는 것인데 어느 선사는 그
차이를 돈(頓)과 점(漸) 때문이라고 말하였다.

재(財)와 법(法)의 단순 비교로는 그 복(福)과 혜(慧)를 얻은 값의 차이를 알 수가 없다. 아무렴은 한계의 득(得)과 영원의 성취가 비교 대상이나 될법한 일인가. 하지만 돈(頓)과 점(漸)에 비유하는 것은 다른 문제인듯싶다. 비유하자면 밥을 지으려면 무화(武火 −강하고 거센 불길)도 필요하지만 문화(文火−약하고 부드러운 불길)도 있어야 한다. 쌀을 익히기 위해서는 거센 불길도 필요하지만 뜸을 들여 맛을 내자면 약한 불길도 있어야 하듯이 천둥 번개와 같은 깨달음도 중요하지만 참다운 법성이 되도록 잘 살펴서 갈무리하는 일 또한 중요하지 않을까 싶다. 자칫 기쁨에 취한 나머지 깨달았다는 마음의 상(相)이라도 갖게 되면 나락으로 떨어지는 것은 한 순간인 만큼 매사에 몸가짐을 바로 하고, 구업(口業)을 짓지 않도록 조심하는 것 또한 참선 못지않은 수행일 것이다.

사실 점수의 출발은 생각에 있고, 앎(識)을 축적하면서 점차적인 과정으로 내면을 성찰시켜 나아가는 데 있다. 따라서 배움에 있어서도 계획적이고 체계적이다. 그런 때문에 교육 양성에는 없어서는 안 될 교화 수단일지는 모르겠으나 각성을 목적으로 하는 수행자들에게는 오히려 장애가 되기도 한다.

반면 돈오는 시공간 밖의 세계에서 일어나는 순간적 현상이다. 시공간 밖의 세계란 한마디로 시간의 영향을 받지 않는 세계를 말한다. 따라서 각성 또한 즉흥적이고, 돌발적 상황에서의 일어나는 경우가 비일비재하므로 늘 깨어 있어야 한다.

그런데 재미나는 사실 중 하나가 돈오(頓悟)의 순간이라고 하여 아무런 예고도 없이 일어나는 것은 아니라는 점이다. 이것 역시도 '때'라는 것이 있고, 그 '때'를 알려주는 것 또한 점수(漸修)의 역할 중 하나다.

꽃이 아무 때나 피는 것이 아니라 겨울의 엄동설한을 견디고 난 뒤에야 피어나듯이 색(色)의 공간에서는 순환하는 데에 일정한 법칙이 있다. 그러므로 각성을 위한 수행이라고 해도 그 장소가 색의 세상이면 색의 법칙을 따라야 하는 것 또한 중(中)의 지혜이지 않을까 싶다.

토막

제자가 묻는다.
"제 예명을 붓다라고 해도 되겠습니까?"
"중생이라고 한들 어떻겠나."

화무소화분

化無所化分

수보리(須菩提)야 어의운하(於意云何)오 여등(汝等)은 물위여래작
시념(勿謂如來作是念)하되 아당도중생(我當度衆生)이라하여 수보리
(須菩提)야 막작시념(莫作是念)이니 하이고(何以故)오 실무유중생
(實無有衆生)하여 여래도자(如來度者)니 약유중생(若有衆生)하여 여
래도자(如來度者)인댄 여래즉유아인중생수자(如來即有我人衆生壽
者)일새니라

해설

　수보리야, 어찌 생각하느냐? 너희는 여래가 중생을 제도하리라 하는 생각을 가지고 있다고 말하지 마라. 수보리야, 그런 생각일랑 하지 마라. 왜냐하면 실로 여래에게는 제도할 중생이 없다. 만약에 제도할 중생이 있다는 생각을 가지고 있다면 여래는 사상을 가진 때문이다.

촌부풀이

● 교화한 것이 없다.

　지나간 일이야 어찌 됐든 이미 다 끝난 일이다. 이미 강을 건넜는데 물의 청탁(清濁)과 조류의 세기는 알아 뭐에 쓸까. 뒤돌아 뱃길 생각하면 몸은 뭍에 있어도 마음은 배 위에 있음이니 어느 모습이 본래의 자기인가. 주(主)와 객(客)을 모르겠으니 이들을 가리켜 중생이라 하지 않을까.

　여래의 경우도 이와 같아 제도할 중생에 대한 생각이 남아 있으면 몸은 뭍에 있어도 마음은 배 위에 있는 격이니 여래 또한 중생이오, 사상(四相)을 지닌 범부인 것이다. 그런즉 제대로 배워 깨우치지 못하면 스스로는 물론 도와주는 사람마저 망소(妄所)로

끌어들이는 것인 만큼 살얼음 딛듯 조심해야 할 일이다.

그럼 어떻게 배우고 깨우칠 것인가? 가르치는 자가 없는데 누구한테 배울 것이며 깨우칠 것이 없는데 무엇으로 깨우칠 것인가. 비록 부처님의 말씀과 경전에 기록해놓은 법문으로 배우고 깨우쳤기는 하나 이미 불성(佛性)을 보고 진여계(眞如界)로 들어가 하나가 되었음인데 굳이 과거를 끄집어내어 소멸된 상(相)의 기억을 불러일으킬 까닭이 있으랴. 만약 그런 이가 있다면 아직 사상(四相)이 남아 있다는 증거인즉 이름하여 중생이라 할 것이다.

수보리(須菩提)야 여래설유아자(如來說有我者)는 즉비유아(即非有我)어늘 이범부지인(而凡夫之人)이 이위유아(以爲有我)니 수보리(須菩提)야 범부자(凡夫者)는 여래설즉비범부(如來說即非凡夫)요 시명범부(是名凡夫)니라

해설

수보리야, 여래가 말하기를 내가 있다고 하는 것은 즉 내가 있는 것이 아니고, 범부들이 내가 있다고 말하는 것뿐이다. 수보리

야, 여래가 말하기를 범부라는 것도 범부가 아님을 가리키는 것
인즉 이름하여 범부일 뿐이다.

촌부풀이

마음에 일어나는 모든 현상은 망념(妄念) 아닌 것이 없다. 그러
므로 여래를 육안(肉眼)으로 보았다 해서 보았다는 마음을 낸다
면 그것이 바로 범부인 것이다. '나' 있음은 곧 존재가 있다는 것
이다. 색(色)이지만 공(空)의 이치로 운행이 되는 세계에서 과연 그
무엇을 존재라고 지칭할 수 있는 것인가?

만약 존재를 보았으면 허상(虛像)을 본 것이고, 주상(住相)을 본
것이다. 그럼 두 눈에 비치는 사물의 실체는 무엇인가? 봄에 핀
꽃을 일 년 내내 볼 수 있으면 '나'는 분명 존재하는 것이다. 하지
만 다시 봄이 와야만 볼 수 있는 거라면 '나'의 존재는 없는 것이
다. 다만 '나'일 것 같은 존재와 '나'라고 이름 붙여진 존재만이 있
을 뿐이다.

누가 여래인가? 여래를 본 사람이 있으면 본 사람은 중생이
요, 범부가 되는 것이다. 하지만 여래를 보아도 본 사람이 없으
면 모두가 부처인 것이다. 아상(我相)이 있는 것은 '나'와 다른 '여
래'를 보았기 때문이다.

색(色)에는 물(物)이 있고, 비색(非色)에는 기(氣)가 있어 서로 주거니 받거니 하며 무상(無常)을 이루지만 무색(無色)에는 오직 빛(光)만이 있어 항상(恒常) 불변(不變)하게 되니 앞엣것이 범부의 세상이라면 뒤엣것은 불성(佛性)의 세계라.

토막

제자가 묻는다.

"색이 공인 것과 공이 색인 것의 차이가 무엇입니까?"

"이승과 저승이다."

법신비상분

法身非相分

수보리(須菩提)야 어의운하(於意云何)오 가이삼십이상(可以三十二相)으로 관여래부(觀如來不)아 수보리언(須菩提言)하사대 여시여시(如是如是)니이다 이삼십이상(以三十二相)으로 관여래(觀如來)니이다 불언(佛言)하사대 수보리(須菩提)야 약이삼십이상(若以三十二相)으로 관여래자(觀如來者)인댄 전륜성왕(轉輪聖王)도 즉시여래(即是如來)니라 수보리(須菩提) 백불언(白佛言)하되 세존(世尊)이시여 여아해불소설의(如我解佛所說義)로는 불응이삼십이상(不應以三十二相)으로 관여래(觀如來)니이다 이시(爾時)에 세존(世尊)이 이설게언(而說偈言)하사대

"약이색견아(若以色見我)거나 이음성구아(以音聲求我)하면

시인행사도(是人行邪道)라 불능견여래(不能見如來)니라"

수보리야 어찌 생각하느냐? 과연 32상으로 여래를 볼 수 있느냐? 수보리가 말하되 그러하옵니다. 32상으로 여래를 볼 수 있습니다. 부처님께서 말씀하시되 수보리야, 32상으로 여래를 볼 수 있으면 전륜성왕도 여래라 할 것이다. 수보리가 부처님께 아뢰기를 세존이시여, 제가 부처님의 말씀하신 뜻을 헤아리기는 32상으로는 여래를 뵐 수 없습니다. 이때 세존께서 게송으로 말씀하시기를

"만약 모양으로 나를 본다든가 소리로써 나를 찾으려고 한다면 이는 삿된 도를 행하는 자라서 여래를 볼 수가 없을 것이다."

촌부풀이

● 법신(法身)은 상(相)이 아니다

법신(法身)은 상(相)이 아니므로 삼십이상으로는 여래를 볼 수가 없다. 본문을 보면 함정이 있다. 32상으로 여래를 볼 수 있느냐 하고 물으면서 관(觀)이라는 표현을 쓴 것이다. 일반적으로 사물을 볼 때에는 견(見)을 쓰는 것이 보통이고, 관을 쓸 때에는 내면(內面)과 같은 보이지 않는 것을 혜안으로 살필 경우다. 따라서

32상으로 본다는 것은 화신(化身)을 의미하므로 당연히 견을 쓰는 게 맞지만 관을 썼다는 것은 질문부터가 수보리의 의중을 떠보기 위한 의도적인 것임을 알 수가 있다.

이에 수보리 또한 똑같은 방식으로 응답을 한다. 32상으로 볼 수 있다고 하면서 역시 견을 쓰지 않고 관을 쓴 것이다. 그런즉 실제의 대답은 32상으로는 볼 수 없는 것이 된다.

부처님은 수보리의 수승한 지혜에 사뭇 기뻤지만 시치미를 떼고 다시 묻기를 역시 '관(觀)' 자를 쓰며 32상으로 여래를 볼 수 있다면 전륜성왕도 여래라 할 것이라고 하자, 수보리 또한 '관(觀)' 자를 쓰며 32상으로는 여래를 볼 수 없다 하면서 온전히 깨우쳤음을 보여주었다.

하지만 32상으로도 여래를 볼 수 있다. 대신 무위(無爲)로서의 삼십이상을 보아야만이 볼 수가 있다. 유위(有爲)로는 볼 수가 없다. 색(色)과 성(聲)으로 보되 그것이 상(相)인 줄을 알면 나무를 자를 때 잠시 필요한 톱에 불과하겠으나 그것이 상(相)인 줄을 모르면 톱을 위해 나무가 필요한 꼴이 된다.

화신(化身) 앞에 향을 사르고 참배하는 모습이 경건하기는 하지만 지혜로써 법신(法身)을 보지 못한다면 한낱 사물(私物)에 절을 한 꼴이고, 미혹한 중생 구제를 위해 북을 두드리고 염불하는 소리가 청량하기는 하나 이 또한 혜안의 법신을 알지 못한다면 새들이 조잘대는 소리와 다를 바 없다. 그러므로 보고 듣는 것이 먼저이면 보신(報身)과 화신(化身)은 볼 수 있어도 법신(法身)은 온 데 간 데 흔적이 없고, 보고 듣는 것이 나중이면 삼신(三身)이 하나가 되어 눈앞에 일승(一乘)을 이루니 달리 어디서 법신을 찾으랴.

그럼 법신을 보지 못했으면 화신 앞에 절도 하지 말고 염불도 하지 말아야 하는 것인가?

배가 고파 밥을 찾아 먹겠다는데 무슨 허물이 있을까. 근기도 약한데 모자람의 타박까지 당하면 너무 서글프지 않은가. 때문에 법문을 여는 것이니 행여 색과 성으로 보고 듣지도 말고, 또한 그것에 집착하여 눈도 닫고 귀도 닫는 우를 범한다면 이 또한 잘못된 일이다.

잘못되었다는 것은 중도(中道)를 벗어나 한쪽으로 치우쳤다는 것이다. 상(相)이라 함이 어디로부터 생겼는가? 있음으로부터 생겼다면 그 있음은 어디로부터 생긴 것이고, 없음으로부터 생긴 것이라면 없는데 어디로부터 생긴 것인가. 그런즉 의혹은 끊이지 않을 것이고, 답도 없는데 스스로 이것이다 정한다면 그것이 바로 상(相)이다.

사도(邪道)란 체(体)를 외면한 채 용(用)만을 주장하는 것이며 또한 용의 방편을 무시한 채 체만을 고집하는 것이니 나(불성)를 중심으로 둘 다를 어깨에 지고 가지 않으면 모두가 상인 것이다.

토막

제자가 묻는다.

"어찌하면 법신을 볼 수 있습니까?"

"보는 것이 아니다."

무단무멸분

無斷無滅分

수보리(須菩提)야 여약작시념(汝若作是念)하되 여래불이구족상고
(如來不以具足相故)로 득아뇩다라삼막삼보리(得阿耨多羅三藐三菩提)
아 수보리(須菩提)야 막작시념(莫作是念)하라 여래(如來) 불이구족
상고(不以具足相故)로 득아뇩다라사막삼보리(得阿耨多羅三藐三菩提)
니라 수보리(須菩提)야 여약작시념(汝若作是念)하되 발아뇩다라삼
막삼보리(發阿耨多羅三藐三菩提)는 설제법단멸(說諸法斷滅)가 막작
시념(莫作是念)하라 하이고(何以故)오 발아뇩다라삼막삼보리심자
(發阿耨多羅三藐三菩提心者)는 어법(於法)에 불설단멸상(佛說斷滅相)일
러니라

해설

수보리야, 너는 여래가 구족상을 갖추지 않고 무상정등정각을 증득하였다 생각하느냐? 수보리야, 여래가 구족상을 갖추지 않고 무상정등정각을 증득하였다,라고 생각하지 마라. 수보리야, 네가 생각하는 것처럼 무상정등정각을 일으킨 자는 제법이 다 끊어졌다는 생각을 하지 않으니 왜냐하면 무상정등정각을 일으킨 자는 법에 대해 단멸상을 말하지 않기 때문이다.

촌부풀이

● 단(斷)도 없고 멸(滅)도 없다

앞 분(分)에서 말하기를, 삼십이상으로 여래를 보아서는 안 된다고 하여 삼십이상을 갖춘 것과 여래가 다른 것은 아니다. 여래는 이미 삼십이상을 다 갖춘 분이시지만 불성을 보지 않고 삼십이상만을 보고 단견을 낼까 염려하여 한 말이다.

무상정등정각 또한 삼십이상을 갖추지 않고는 증득할 수가 없다. 그럼 앞 분에서 상(相)을 여의어야 만이 무상정등정각을 이룰 수 있다 함은 무슨 말인가? 완벽한 화신(化身)에는 상(相)을 찾아볼 수 없기에 비상(非相)인 것이다. 하지만 방편으로 보면 화신은 잘 갖추어진 상이다. 그런즉 상이면서 또한 비상이고, 상이 아니면서 또한 비상이 아닌 것이다.

그리움이 사무치면 구만리를 날아간다 하였고, 원한을 품으면 생멸의 시간을 거듭해도 소멸되지 않는다 하였다. 왜냐하면 상(相)이란 끊었다 하여 사라지는 것이 아니기 때문이다.

잘 닦인 그릇에 먼지가 앉는 것이 속상한 일이겠다마는 그 마음 때문에 종일 닦고만 있을 수도 없는 일이고, 그릇을 깨뜨릴 수는 더더욱 없는 일이다. 그런즉 중요한 것은 그것이 번뇌에 대한 집착을 버리지 못한 마음인 줄을 깨달아야 한다.

아무렴은 그리움이 구만리를 날아갔을까. 보고 싶어 하는 마음의 집착이 구만리를 날아갔을 것이다. 하지만 무상정등정각을 일으킨 자들은 이미 무집(無執)과 무착(無着)에서 벗어났기에 그리움의 흔적만 남았을 뿐이다.

낙엽을 쓰는 일이 깨끗해지고 싶은 마음 때문이라면 애써 고생할 일이 아닌듯싶다만 밥값이라도 할 참이라면 땀 흘려 깨끗이 쓰는 것도 괜찮지 않을까.

아무도 없는 텅 빈 방 안에 코끝을 간지럽히는 것이 무엇인가?

굳이 찾지 않고 구하지 않아도 달이 차면 기울 듯이 아무도 없는 곳에 문 두드리는 이 있고, 문 여는 이 있으니 집착만 않는다면 상관없는 일이다.

토막

스승이 묻는다.

"토끼와 거북이가 경주하면 누가 이기겠는가?"

"토끼는 거북이를 알지 못합니다."

불수불탐분

不受不貪分

수보리(須菩提)야 약보살(若菩薩)이 이만항하사등세계칠보(以滿恒河沙世界七寶)로 지용보시(持用布施)하고 약부유인(若復有人)이 지일체법무아(知一切法無我)하며 득성어인(得成於忍)하면 차보살(此菩薩)이 승전보살(勝前菩薩)의 소득공덕(所得功德)이니 하이고(何以故)오 수보리(須菩提)야 이제보살(以諸菩薩)이 불수복덕고(不受福德故)일러니라 수보리(須菩提) 백불언(白佛言)하되 세존(世尊)이시여 운하보살(云何菩薩)이 불수복덕(不受福德)이니까 수보리(須菩提)야 보살(菩薩)의 소작복덕(所作福德)은 불응탐착(不應貪着)일세 시고(是故)로 설불수복덕(說不受福德)이니라

해설

　수보리야, 만약에 보살이 항하의 모래 수와 같은 세계에 칠보를 가득 가지고 널리 보시를 했다면 또 어떤 사람이 나 없음의 일체법을 깨우쳐 인욕바라밀을 성취했다면 이 보살의 공덕은 칠보를 보시한 보살의 공덕보다 더 크다,라고 하리라. 왜냐하면 수보리야, 모든 보살들은 복덕을 받지 않기 때문이다. 수보리가 아뢰기를 세존이시여, 어찌하여 보살이 복덕을 받지 않습니까?라고 묻자, 수보리야, 보살은 자기가 베푼 복덕에 집착하는 바가 없기 때문이다. 그러므로 복덕을 받지 않는 것이다 말했느니라.

촌부풀이

● 받지도 바라지도 않는다

　중생의 보시에는 복덕이 따르게 마련이다. 대가를 바라지 않는다 해도 베푼 마음마저 물리치지는 못한다. 은연중에라도 도움받은 사람이 제대로 하는지 못하는지 정도는 살피게 마련이다. 근본적인 이유는 상(相)이 남아 있기 때문인데 중생들은 그것이 상인 줄조차 알아차리지 못한다.
　제법무아(諸法無我)의 이치를 깨닫는 데에는 오랜 인욕(忍辱)의 과정이 필요하다. 우선 제행이 무상(無常)함을 알아야 하는데 그러자면 무상정등정각을 일으켜 위없는 평등심을 가짐으로써 정법을 볼 수 있는 혜안을 열어야 한다.

정법이란 무엇인가? 일체법이자 불법이며 항상(恒常) 불변(不變)의 법이다. 그러므로 불성(佛性)이며 영원한 세계다. 그럼 무상의 행(行)은 무엇인가? 쉼 없이 돌고 도는 인연의 굴레를 말함인데 정법을 얻기 위한 방편 상의 불법이다. 때문에 각자(覺者)는 방편을 통해 연기(緣起)의 이치를 깨달아 제법(諸法) 무아(無我)의 법을 증득함으로써 인욕의 완성을 이루게 된다.

그런데 여래께서는 그 과정을 가리켜 보살행(菩薩行)이라고 하였다. 일반적으로 보살이란 수행자를 말하는데 대승에서의 보살은 중생구제를 위한 서원과 회향을 목적으로 한다. 따라서 무엇보다 보시(布施)의 공덕을 중요하게 여긴다.

보시에는 재시(財施), 무외시(無畏施), 법시(法施)가 있는데 무외시는 계율에 관한 보시이므로 특별한 때에만 인용하고 평상시에는 재시와 법시로 공덕의 수준을 비교한다. 일반적으로 법시(法施)가 재시(財施)보다 수승하다는 것은 익히 알고 있는 일이다. 더욱이 일체법으로 무상무아(無常無我)의 이치를 깨달아 인욕(忍辱)의 완성을 이룬 공덕이라면 말할 바 없이 뛰어날 것이다.

하지만 실제로 보살은 어느 것이든 보답을 원치 않는다. 왜냐하면 복덕에 대한 집착을 하지 않음으로써 사상(四相)으로부터 벗

어났기 때문이다. 다만 교리적 측면으로 볼 때 재시보다 법시가
훨씬 뛰어난 보시라는 것이다. 이러한 설법은 앞서의 분(分)에서
도 여러 차례 언급한 바 있으나 누차 말하는 것은 색(色)의 세계
는 물질적 대가를 제일 중요하게 여기고 있기에 자칫 습에 빠져
상(相)을 지을까 염려되어 다짐하는 것이다.

토막

스승이 묻는다.

"가난한 자와 부자 중에 누가 성공한 사람이더냐?"

"의심하지 않고 분별하지 않은 사람이 성공한 사람입니다."

위의적정분

威儀寂靜分

> 수보리(須菩提)야 약유인(若有人)이 언(言)하되 여래약래약거(如來
> 若來若去)하며 약좌약와(若坐若臥)라하면 시인(是人)은 불해아(不解
> 我) 소설의(所說義)니 하이고(何以故)오 여래자(如來者)는 무소종래
> (無所從來)며 역무소거(亦無所去)일세 고명여래(故名如來)일러니라

해설

수보리야, 어떤 이가 말하기를 만약에 여래가 온다거나 간다
거나 앉는다거나 눕는다고 하면 그 사람은 내가 말한 것의 뜻을

이해하지 못한 것이다. 왜냐하면 여래는 어디에서 오는 것도 아니고 가는 것도 아니다. 그래서 여래라고 하느니라.

촌부풀이

● 위엄 있는 그윽한 모습이여!

여래(如來)란 여여(如如)하다는 뜻이다. 그러므로 언제나 그 자리에 계신 분이며 오고 가는 것과 앉고 눕는 것과는 상관없는 분이시다. 만약 내거(來去)와 좌와(坐臥)로 여래를 보려고 한다면 이것은 삼십이상으로 여래를 보고자 하는 것과 같으며 여래의 설문을 잘못 알아들은 것이다. 그렇다고 무상(無相)으로 여래를 보려고도 하지 마라. 왜냐하면 여래란 상 없음과 상관없이 늘 위엄과 그윽함으로 계신 분이기 때문이다.

그러므로 무상정등정각을 증득하여 여래가 되었다는 견해를 일으키면 옆길로 새어나가도 한참 잘못 새어나간 것이다. 무릇 깨우친 자라면 이렇게 말해야 한다. 무상정등정각을 성취한 뒤 혜안이 열려 바라보니 여래의 그림자를 밟고 있더라, 라고.

봄바람이 따스한 것은 남쪽에서 불어오는 까닭이요, 겨울바람이 매서운 것은 북쪽에서 불어오는 까닭이라. 마음을 어디에 둘

까 염려하니 영락없는 중생이오, 무심으로 지그시 바라보니 여
래라.

토막

스승이 묻는다.

"누가 부처인가?"

"모르는 일입니다."

일합이상분

一合理相分

수보리(須菩提)야 약선남자(若善男子)선여인(善女人)이 이삼천대천

세계(以三千大千世界)를 쇄위미진(碎爲微塵)하면 어의운하(於意云何)

오 시미진중(是微塵衆)이 영위다부(寧爲多不)아 수보리언(須菩提言)

하되 심다(甚多)니이다 세존(世尊)이시여 하이고(何以故)오 약시

미진중(若是微塵衆)이 실유자(實有者)인댄 불즉불설시미진중(佛即

不說是微塵衆)이니 소이자하(所以者何)오 불설미진중(佛說微塵衆)은

즉비미진중(即非微塵衆)일세 시명미진중(是名微塵衆)이니이다

해설

수보리야, 만약에 선남자선여인이 삼천대천세계를 부수어 티끌로 만들었다면 어찌 생각하느냐? 티끌이 얼마나 많겠느냐? 수보리가 대답하되 매우 많습니다. 왜냐하면 만약에 티끌이 실로 있는 것이라면 부처님께서 티끌이라 말씀하시지 않았을 때문입니다. 왜 그런가 하면 부처님께서 말씀하신 티끌은 티끌이 아니오라 이름하여 티끌이기 때문입니다.

촌부풀이

● 이치와 현상은 다르지 않다

고대 경전인 천부경(天符經)의 첫 문장을 보면 일시무시일(一始無始一) 석삼극(析三極) 무진본(無盡本)이라고 쓰여 있다. 여기에서 일시는 태극(太極), 무시일은 무극(無極)을 말하는데 도가(道家) 경전인 참동계(參同契)에서는 묘유(妙有) 속의 진공(眞空) 상태를 태극이라 하였고, 진공 속의 묘유를 무극이라 하였다. 이것은 무(無)에서 유(有)가 생기는 이치를 간략하게 설명한 것인데 법과 법 사이에 묘법(妙法)이 있고, 공(空)하다 하여 모두가 공한 것은 아니다,라고 한 부대사(중국 양나라 때의 선승)의 말씀과 같다.

그런즉 모든 만물의 생멸은 공(空)이라고 하는 생각과 그 차별로부터 시작되어 마치 불공(不空)인 것처럼 보였다가 때가 되면 다시 공의 자리로 되돌아가는 것이다.

　　그럼 왔다가 가는 것은 무슨 이치 때문인가? 그 답을 석삼극(析三極)이라고 했다. 이 셋을 민족종교에서는 천, 지, 인(天. 地. 人)이라 했고, 불교에서는 법신(法身), 보신(報身), 응신(應身)이라 했으며 기독교에서는 성부(聖父), 성자(聖子), 성령(聖靈)이라 했는데 다 같은 뜻이다. 이렇듯 셋으로 나누어진 것은 체(体)를 바탕으로 한 용(用)의 변화를 의미한다. 본래는 무위(無爲)이며 무생(無生)이지만 근기에 따른 차별이 생긴 것이다. 그러므로 진화에 따른 쓰임의 방편은 다를 수밖에 없을 테고, 그 결과 수많은 티끌 모양의 삼천대천세계가 만들어졌지만 근본은 같다.

　　하지만 삼천대천세계의 상(相)은 성(性)과는 다른 것인즉 비록 체(体)로부터 비롯되어 셋으로 나누어지고, 다시 무진을 이룬 것이 용(用)이기는 하나 체는 진(眞)이요, 용은 망(妄)인 만큼 상(相)이 변하여 성(性)이 되었다는 사견은 잘못된 일이고, 지혜의 화살을 쏘아 꿰뚫어 보면 티끌로 인해 가려져 있던 진체(眞体)를 보게 되는 것이다. 그 순간 망념의 상인 티끌은 사라져버리고, 남은 것은 오로지 청정함으로 본성을 회복하였기에 홀연한 빛으로 비추고 있을 뿐이다.

세존(世尊)이시여 여래소설(如來所說) 삼천대천세계(三千大千世界)는 즉비세계(即非世界)일세 시명세계(是名世界)니 하이고(何以故)오 약세계(若世界) 실유자(實有者)인댄 즉시일합상(即是一合相)이니 여래설일합상(如來說一合相)은 즉비일합상(即非一合相)일세 시명일합상(是名一合相)이니이다 수보리(須菩提)야 일합상자(一合相者)는 즉시불가설(即是不可說)이어니 단범부지인(但凡夫之人)이 탐착기사(貪着其事)니라

해설

세존이시여, 여래의 말씀대로 삼천대천세계도 세계가 아니옵고 이름하여 세계일 뿐입니다. 왜냐하면 만약에 세계라는 것이 실로 있다면 그것은 하나의 모양이어야 하는데 여래께서 말씀하신 하나의 모양은 단지 이름하여 하나의 모양일 뿐이기 때문입니다. 수보리야, 하나의 모양이라는 것은 말로는 설명할 수 없음인데 단지 범부들이 그것에 탐착하고 있을 뿐이다.

촌부풀이

삼라만상이 망(忘)이고 념(念)인데 이것을 삼천대천세계라고 한들 실제의 세계인 양 믿을 이 누가 있을까. 하지만 마음을 따르는 중생들은 하나같이 믿고 있으니 그 까닭이 무엇인가?

망(忘)이 망(忘)인 줄을 모르고 진(眞)인 줄 믿고 있기 때문이다. 왜 그런 착각을 하게 되었는가 하면 '나'라고 하는 존재 자체가 '망'이고 상(相)인데 어떻게 나 자신이 '망'인 줄을 알 수 있을까. 무엇보다 '나'라는 존재를 '진'이라고 믿고 있다는 것이 오히려 신기할 따름이다.

그 이유로 본문을 보면 단범부지인(但凡夫之人) 탐착기사(貪着其事)라고 하였다. 다만 범부들이 그 일에 탐착했기 때문이라는 것이다. 즉 어떤 일인가 하면 하나의 모양인 일합상에 욕심을 내고 집착한 것이다.

일합상(一合相)이란 무엇인가? 실상(實相)을 말한다. 풀이하자면 상(相)이 하나로 합친다는 것은 곧 망념을 여읜다는 것인데 이것은 곧 무심(無心)이어야 가능한 일. 삼천대천세계가 만들어진 까닭을 살펴보면 한 덩어리의 그 무엇이 삼천 개의 망념으로 부수어진 것인즉 착한 마음 가졌다고 합칠 수 있는 일이 아니다. 이 말은 그 무엇과 삼천 개의 망념들이 각각 별개의 존재이므로 범부들이 욕심을 부리고 집착을 한다고 해서 이루어질 수 있는 일합상이 아니라는 것이다. 비유하자면 돌가루에 황금 칠을 했다고 하여 황금일 수는 없는 노릇이다.

　다만 본문에서 언급한 일합상(一合相)은 가르침을 위한 방편으로 말한 것인 만큼 탐착이 아닌 참 진(眞)으로서의 일합상이 되려면 일합상이라는 말조차 없어야 한다. 왜냐하면 일합상을 말하는 것부터가 티끌을 만드는 원인이 되기 때문이다.

　결국 하나가 셋으로 나누어졌음은 봄이 오면 꽃이 피는 것과 같은 이치인데 하늘은 바람으로 소식을 전하고, 땅은 새싹으로 소식을 전하고, 사람은 일하는 것으로 소식을 전하니 셋의 용(用)을 하나의 체(體)로 묶는 것은 당연지사 소식인즉 과연 소식은 보는 것인가, 듣는 것인가.

토막

스승이 묻는다.

"먹고 먹어도 때가 되면 또 배고픈 까닭이 무엇이더냐?"

"법 대신 밥을 먹은 때문입니다."

지견불생분

知見不生分

수보리(須菩提)야 약인(若人)이 언(言)하되 불설아견인견중생견수자견(佛說我見人見衆生見壽者見)이라하면 수보리(須菩提)야 어의운하(於意云何)오 시인(是人)이 해아소설의부(解我所說義不)아 불야(不也)이니다 세존(世尊)이시여 시인(是人)은 불해여래소설의(不解如來所說義)니 하이고(何以故)오 세존(世尊) 설아견인견중생견수자견(說我見人見衆生見壽者見)은 즉비아견인견중생견수자견(即非我見人見衆生見壽者見)이요 시명아견인견중생견수자견(是名我見人見衆生見壽者見)이니이다

해설

수보리야, 만약에 어떤 사람이 여래께서 사견(四見)에 대해 설법을 한다고 하면 수보리야, 어찌 생각하느냐? 그 사람이 내가 설법한 법문을 알아들었다고 보느냐? 아닙니다. 세존이시여, 그 사람은 여래께서 설법하신 법문을 알아듣지 못했습니다. 왜냐하면 세존께서 말씀하신 사견은 사견이 아니오라 이름하여 사견이기 때문입니다.

촌부풀이

● 지견을 내지 않음

깨달은 자는 할 말을 잃는다. 이유인즉슨 말 혹은 문자는 제아무리 맑고 순수해도 감정을 일으키고 상(相)을 짓는 구실이 되기 때문이다. 그러므로 견해 또한 내지 않는다. 자신의 생각이라는 것은 곧 망념이므로 옳다고 해도 옳지 않은 것이다. 왜 망념인가 하면 곧 아견(我見)이기 때문이다.

나(我)가 있다는 것은 곧 대상과 너로서의 인견(人見)이 있다는 것이고, 그것은 번뇌의 단초가 되는바 중생견(衆生見)이 있음이고, 의혹은 답을 구하는 데에 목적이 있으므로 수자견(壽者見)으로 이

어짐은 당연한 수순일 것이다. 그리고 망념으로부터 나온 답은 말 또는 문자화되어 사상(四相)으로 전해져 퍼지는 만큼 삼천대천세계의 출몰은 오히려 자연스러운 과정일 수밖에 없다. 그러므로 여래의 설법이라고 하여 사견(四見)의 위험으로부터 안전한 것은 아니다. 돌에 금색을 입히고 황금이라고 해도 속아 넘어갈 중생을 감안하면 간단하게 지나칠 일이 아니다. 때문에 여래께서도 질문의 형식을 빌려 함정에 빠질 수도 있음을 경계하신 것이다.

부처님께서 설법하신 사견은 사견의 형식을 빌렸을 뿐 사견이 아니다. 이 말은 즉 무위(無爲)로서의 사견이라는 뜻이다.

무위의 사견이란 무엇인가? 이미 불성(佛性)을 보고 여법을 증득한 존재이기에 비록 아견(我見)이 있다 해도 그것은 잠시 스쳐 가는 바람에 불과하므로 신경 쓸 일이 아니며, 그로 인해 집착할 대상 또한 사라졌으므로 말뿐인 인견(人見)이 될 테고, 무집(無執)이면 무착(無着)이라 집착할 것이 없는데 쌓을 것 또한 있을 까닭이 없으니 이를 무위의 중생견(衆生見)이라고 한다. 마지막으로 수자견(壽者見)은 생멸(生滅)의 고통으로부터 비롯된 것이므로 무집, 무착의 이치를 올바르게 깨우친다면 자연히 소멸될 일이다.

하지만 이와 같은 자세한 설명에도 불구하고 의혹을 풀지 못하고 유위(有爲) 즉 인연의 사견(四見)임을 고집한다면 싸리나무로 약을 만들어 쓴들 무슨 허물이 있으랴.

수보리(須菩提)야 발아뇩다라삼먁삼보리심자(發阿耨多羅三藐三菩
提心者)는 어일체법(於一切法)에 응여시지(應如是知)하며 여시견(如
是見)하며 여시신해(如是信解)하여 불생법상(不生法相)이니 수보리
(須菩提)야 소언법상자(所言法相者)는 여래설즉비법상(如來說即非法
相)이요 시명법상(是名法相)이니라

해설

수보리야, 무상정등정각심을 일으킨 자는 일체법에 응당 이와
같이 알아서 보고 이해하여 법상을 내지 말아야 한다. 수보리야,
법이라는 것도 실은 법이 아니라 이름하여 법이기 때문이다.

촌부풀이

불성(佛性)이 곧 혜명(慧命)인즉 텅 빈 청량한 마음 가운데 꼭짓
점 하나 찍으면 불성이요, 배꼽 밑 동굴(丹田)에 마음의 빛을 쏘아
지혜의 불씨를 일으키면 혜명이라.

앞엣것은 선법(禪法)이요, 뒤엣것은 선법(仙法)인데 마음 안에 몸
이 있으면 선법(禪法)이고, 몸 안에 마음이 있으면 선법(仙法)이다.

그러므로 선법(禪法)에서는 번뇌를 벗어나기 위한 도구로 화두를 들어 타파함으로써 불성을 보게 되는 것이고, 선법(仙法)은 몸 중심의 수행이므로 호흡을 우선으로 하면서 화후(火候-불의 조절)와 주천(周天)을 통하여 약(藥)을 만들고 단(丹)을 제련함으로써 혜명을 얻는 것이다.

굳이 수준을 논하자면 선법(禪法)이 선법(仙法)보다 더 수승하다. 이를테면 선법(禪法)이 상근기자를 위한 수행이라면 선법(仙法)은 중·하근기자를 위한 수행법이다. 하지만 선법(禪法)을 수행한다고 하여 모두가 상근기자인 것은 아니다. 촌부의 경험으로 비추어볼 때, 교리를 벗어나 서로 잘 협력하여 부족한 것을 채워주면 대오각성(大悟覺性)을 이루는 데 큰 이익이 되지 않을까 싶다.

하지만 서로 잘못되었다 하며 등을 돌리니 하는 수 없는 일이고, 길은 가야 할 터인즉 마음을 잡고 갈 것인가, 몸을 활용할 것인가? 실은 이것도 망(妄)이고 저것도 망인지라 둘 다 버린다 한들 잘못이 있을까마는 이정표가 있어야 길을 찾고, 뗏목이 있어야 강을 건너갈 것이 아닌가.

하여 가는 동안만큼이라도 길라잡이로 삼아 도움을 청하지만 끝끝내 법이라는 것이 이것저것 분별하며 참견을 일삼으니 도대체 법이 문제인가? 상(相)이 문제인가? 적어도 무상정등정등정각심을 일으킨 자라면 모든 법마다 스스로 만든 함정이 있음을 지혜로써 깨우쳐 법상을 짓는 우는 범하지 말아야 할 일이다.

법상(法相)이란 무엇인가? 입으로는 무심(無心)을 떠들면서 눈으로는 법을 보는 것이며, 눈으로는 먼 지평선 바라보면서 입으로는 법을 논하는 것이다. 그러므로 엎치나 뒤치나 서로 맞지 않는 것이 법상이요, 서로 틀린 것이 법상이다.

처음 공부할 때에는 성(性)과 명(命)을 따로 하여 각각 인연에 따른 묘법(妙法)으로 방편을 삼았으나 오묘하고 신비한 규(竅-구멍) 속으로 불꽃이 일어난 후에는 말하지 않아도 스스로 뒤엉켜 하나가 되었다가 때가 이르면 스스로 정수리로 **빠져나가** 불(佛)을 이루니 누가 이끈 것인가?

모두가 법 아닌 것이 없는데 그렇다고 하여 법을 귀히 여겨 꼭 움켜쥐고 있으면 자칭 이루었다 해도 끝내 신선놀음한 것에 불과하니 침묵하며 항상 밝은 눈으로 지켜볼 일이다.

토막

제자가 묻는다.

"이 세상이 존재하는 까닭이 무엇입니까?"

"자비다."

응화비진분

應化非眞分

수보리(須菩提)야 약유인(若有人)이 이만무량아승지세계칠보(以滿無量阿僧祇世界七寶)로 지용보시(持用布施)어든 약유(若有) 선남자선여인(善男子善女人)이 발보살심자(發菩薩心者) 지어차경(持於此經)하고 내지사구게등(乃至四句偈等)을 수지독송(受持讀誦)하여 위인연설(爲人演說)하면 기복(其福)이 승피(勝彼)니 운하위인연설(云何爲人演說)고 불취어상(不取於相)하여 여여부동(如如不動)이니라

해설

　수보리야 만약에 어떤 사람이 한량없는 아승지 세계에 칠보로 가득 메워 보시를 하는 것과 보리심을 낸 어떤 선남자선여인이 이 경을 지니고 외워서 사구게만이라도 남을 위해 독송하고 가르침을 편다면 그 덕이 칠보를 보시한 복보다 더 수승하리니 어찌 하는 것이 남을 위해 가르침을 펴는 것인가? 상을 취하지 않아야 여여하여 움직이지 않는 것이다.

촌부풀이

● 응신(應身)은 진(眞)이 아니다

　금강경의 가르침은 인욕(忍辱)의 완성에 있다. 어떤 인욕인가 하면 밖에서 안으로 찾아 들어가는 인욕이다. 밖(外)이라는 곳에는 탐심(貪心)과 분심(憤心)이 있고, 번뇌로 인한 육진(六塵)의 마찰로 시비가 끊이지 않지만 안(內)이라는 곳은 지극히 맑고 고요한 늘 불성(佛性)의 자리를 가리킨다.

　그러므로 밖에서의 재물 보시보다 안으로 가는 길을 가르쳐주는 법시(法施)의 공덕이 훨씬 더 크다는 것이다. 이를테면 오염된 세상에서 진수성찬을 차려놓고 먹는 것과 맑고 청량한 산속 계곡에 앉아 경을 독송하는 맛을 어찌 비교할 수 있을까.

물론 법시만으로 안으로 가는 길을 찾을 수 있는 것은 아니다. 무엇을 어떻게 찾아야 하는지 방편이 필요하다. 직접 가르쳐주면 금상첨화이지만 안타깝게도 법신은 무생(無生)인지라 스스로 밝히는 일은 불가능하다. 때문에 화신(化身)이 필요한데 부처님께서 일체중생을 위해 궂은일을 자청하니 그 은혜에 감복할 따름이다.

자, 이제 가르침을 펼칠 차례다. 어떻게 설법을 할 것인가? 여래의 입이 금강검이 되어 단숨에 베어버린다.

어떤 일이 있더라도 상(相)을 취하지 마라!

결국 인욕의 완성이란 망념의 상에서 벗어나는 일이다. 어떻게 하면 벗어날 수가 있는가? 반야밀법으로 무상정등정각을 증득하여 보살행을 이루어야 한다. 하지만 이룬 뒤에는 이것조차 방편인즉 어느 것 하나도 품을 것이 없고, 품는 이도 없다. 그저 산길 따라 내려오는 물소리만 요란할 뿐이다.

하이고(何以故)오 일체유위법(一切有爲法)이 여몽환포영(如夢幻泡
影)이며 여로역여전(如露亦如電)이니 응작여시관(應作如是觀)하라
불설시경이(佛說是經已)하시니 장로수보리(長老須菩提)와 급제비
구비구니(及第比丘比丘尼)와 우바새우바이(優婆塞優婆夷) 일체세간
천인아수라(一切世間天人阿修羅) 문불소설(聞佛所說)하고 개대환희
(皆大歡喜)하며 신수봉행(信受奉行)하니라

해설

왜냐하면 일체 유위법은 꿈이며 환이며 물거품이며 그림자와
이슬과도 같고 번개와도 같은즉 마땅히 이와 같이 볼지어다. 부
처님께서 이 경에 대해 말씀을 마치자 장로수보리와 비구, 비구
니, 우바새, 우바이와 일체 세간의 천인, 아수라 등이 크게 기뻐
하며 믿고 받들었다.

촌부풀이

왜냐하면 일체 유위법은 꿈이며 허깨비 같고, 물거품이며 그
림자와 같고, 이슬과 번개와도 같으니 있는 그대로를 볼 줄 알아

야 한다. 하지만 상(相) 없이 어떻게 있는 그대로를 볼 수가 있는가? 그럼 유상(有相)이라고 하면 있는 그대로를 볼 수가 있는 것인가?

꿈이 꿈인 줄을 아는 것은 말 그대로 알고 있다는 착각에 지나지 않는다. 또한 꿈이 꿈인 줄을 몰라도 미혹에 빠져 있기는 마찬가지다. 꿈에서 일어난 일과 현실에서 일어난 일이 다르지 않다. 왜냐하면 어느 것이 꿈이고, 어느 것이 현실인지 알 수가 없기 때문이다. 만약 알고 있다면 그것은 단견이므로 수용할 수가 없다.

생멸의 세상이 온통 그렇다. 인생여조로(人生如朝露)라 아침이슬과도 같다. 하지만 때로는 기뻤다가 때로는 슬퍼지고, 환희에 겨운 인생이 찰나인 듯 느껴지다가 때로는 가시밭길 인생이 마냥 길게만 느껴지는 것은 무슨 까닭인가?

상(相)을 상으로 보지 못했기 때문이다. 망념을 진실한 것으로 여기고 있기 때문이다. 화신(응신)을 법신으로 믿고 있기 때문이다. 화를 삭이는 일을 인욕이라 여기고 있기 때문이다. 진공(眞空)을 보려면 오색구름을 지나가야 하듯이 참된 인욕의 완성을 위해서는 방편을 방편인 줄 깨달아 지혜로써 때를 기다릴 줄 알아야 한다.

부처님께서 이것으로 설문을 마치자 수많은 중생들이 일제히 깨우침을 얻어 의심의 굴레에서 빠져나와 금강반야(金剛般若)의

밀법을 성취하였다.

토막

스승이 고함을 친다.
"이 뭐꼬?"
"......"

글갈결 이야기

촌부의 금강

초판 1쇄 발행 2023. 5. 12.

지은이 우보
펴낸이 김병호
펴낸곳 주식회사 바른북스

편집진행 김주영
표지 디자인 김영희, 김민지
본문 디자인 최유리

등록 2019년 4월 3일 제2019-000040호
주소 서울시 성동구 연무장5길 9-16, 301호 (성수동2가, 블루스톤타워)
대표전화 070-7857-9719 | **경영지원** 02-3409-9719 | **팩스** 070-7610-9820

•바른북스는 여러분의 다양한 아이디어와 원고 투고를 설레는 마음으로 기다리고 있습니다.

이메일 barunbooks21@naver.com | **원고투고** barunbooks21@naver.com
홈페이지 www.barunbooks.com | **공식 블로그** blog.naver.com/barunbooks7
공식 포스트 post.naver.com/barunbooks7 | **페이스북** facebook.com/barunbooks7

ⓒ 우보, 2023
ISBN 979-11-92942-96-4 03220